Dados Internacionais de Catalogação na Publicação (CIP)
(Câmara Brasileira do Livro, SP, Brasil)

Rabelais, François (Espírito).
  Nas brumas da mente / ditado por François Rabelais ; [psicografado por] Rafael de Figueiredo. -- 1. ed. -- Catanduva, SP : Instituto Beneficente Boa Nova, 2008.

  ISBN 978-85-99772-19-5

  1. Espiritismo 2. Psicografia I. Figueiredo, Rafael de. II. Título.

08-01912   CDD-133.93

Índices para catálogo sistemático:
1. Mensagens mediúnicas psicografadas : Espiritismo 133.93

Impresso no Brasil/*Presita en Brazilo*

Rafael de Figueiredo
ditado por François Rabelais

Nas Brumas da Mente

Instituto Beneficente Boa Nova
Entidade coligada à Sociedade Espírita Boa Nova
Av. Porto Ferreira, 1.031 | Caixa Postal 143
Catanduva/SP | CEP 15809-020
www.boanova.net | boanova@boanova.net
Fone: (17) 3531-4444

2ª edição
10.000 exemplares
Do 11º ao 20º milheiro
Junho/2008

© 2008 by Boa Nova Editora.

Capa
Direção de arte
Francisco do Espírito Santo Neto
Designer
Cristina Fanhani Meira

Revisão
Maria de Lourdes Pio Gasparin

Editoração eletrônica
Cristina Fanhani Meira

Todos os direitos reservados.
Nenhuma parte desta obra pode ser
reproduzida ou transmitida por qualquer
forma e/ou quaisquer meios (eletrônico ou
mecânico, incluindo fotocópia e gravação)
ou arquivada em qualquer sistema ou banco
de dados sem permissão escrita da Editora.

O produto da venda desta obra é destinado
à manutenção das atividades assistenciais
da Sociedade Espírita Boa Nova, de
Catanduva, SP.

Sumário

    Apresentação 9
    Introdução 11
1. Novos Planos 15
2. Iniciando o Relato 23
3. Na Enfermaria 29
4. Anencefalia 33
5. O Peso do Remorso 39
6. Viciação Mental 47
7. Em Atividade Socorrista 57
8. Bendita Ferramenta Mediúnica 65
9. Preparando os Envolvidos 77
10. No Núcleo Espírita 91
11. Aprendendo Com o Intercâmbio 107
12. Oportunos Esclarecimentos 123
13. Indigentes do Espírito 137
14. Um Caso de Autismo 151
15. Em Entendimento Coletivo 169
    Epílogo 179
    François Rabelais 187

Apresentação

A relação mente-corpo continua sua lenta e gradual marcha de descobertas. As importantes referências que têm sido feitas, com relação ao Sistema Límbico, como sendo a via expressa dessa dualidade, vêm descortinando novas alternativas de compreensão de nossa realidade integral.

Sabe-se atualmente, por exemplo, que o psiquismo atua diretamente sobre o corpo somático. Se aproximarmos essa concepção aos postulados da física de partículas, a relação mente-corpo (pensamento-matéria) tomará outras dimensões.

Nosso objetivo, no entanto, não é o de nos afirmarmos na posição de vanguardeiros da ciência. Queremos trazer à discussão o paradigma do Espírito, que vem preencher lacunas que o mecanicismo vigente não conseguiu contornar.

Preferimos aproveitar muito do que já foi dito ao invés de lançarmos antigas teorias sob nova roupagem, o que somente complicaria a objetividade de nossas reflexões. Adequando-nos às condições disponíveis, utilizaremos algumas referências que podem ajudar a esclarecer e aconselhamos que sejam consultadas para a ampliação do entendimento sobre o tema.

François.
São Leopoldo, 16 de Agosto de 2006.

Introdução

Através dos estudos na área de neurologia temos aprendido que a evolução do cérebro se processou à semelhança de uma construção em que novas estruturas foram sendo acrescidas às estruturas anteriores ao longo do processo filogenético, entregando ao ser humano uma construção em três fases bem definidas, "os três cérebros", termo esse cunhado por Paul McLean. Progredindo através de suas adaptações evolutivas, proveu o ser humano de um cérebro mais antigo, semelhante ao dos répteis; outro herdado dos mamíferos inferiores; e, um último, aquisição dos mamíferos superiores.

A parte reptiliana do cérebro corresponderia à maior porção do tronco encefálico, contendo a substância reticular, o mesencéfalo e os gânglios da base. Sobre esse cérebro, a natureza colocou o dos mamíferos inferiores, que desempenha papel preponderante no comportamento emocional do indivíduo.

O cérebro correspondente ao dos mamíferos inferiores age sobre as sensações emotivas de modo a dar ao animal maior liberdade de decisão em relação ao que ele faz, tendo maior capacidade de que o cérebro do réptil para aprender novos meios e soluções de problemas com base na experiência imediata. Mas, assim como o cérebro dos répteis, também não tem a capacidade expressar sentimentos em palavras. As estruturas desse "segundo cérebro" irão mediar todas as perturbações psicossomáticas e o comportamento emocional do animal; é o sistema límbico propriamente e os núcleos relacionados do tronco encefálico. A última aquisição dos mamíferos superiores, o "terceiro cérebro" de MacLean, é o neocórtex, que vem adicionar o intelecto às faculdades psíquicas dos mamíferos superiores.

Essa classificação já havia sido anteriormente aventada nas obras do espírito André Luiz. É bastante conhecido o trecho da obra "No Mundo Maior", onde Calderaro explica que, no sistema nervoso, temos o cérebro inicial, repositório dos movimentos instintivos e sede das atividades subconscientes. Figuremo-lo como sendo porão da individualidade, onde arquivamos todas as experiências e registramos os menores fatos da vida. Na região do córtex motor, zona intermediária entre os lobos frontais e os nervos, temos o cérebro desenvolvido, consubstanciado às energias motoras de que se serve a nossa mente para as manifestações imprescindíveis no atual momento evolutivo do nosso modo de ser. Nos planos dos lobos frontais, silenciosos ainda para a investigação científica do mundo, jazem materiais de ordem sublime, que conquistaremos gradualmente, no esforço de ascensão, representando a parte mais nobre de nosso organismo divino em evolução. No primeiro situamos a "presidência de nossos impulsos automáticos", simbolizando o sumário vivo dos serviços realizados; no segundo localizamos o "domicílio das conquistas atuais", onde se erguem e se consolidam as qualidades nobres que estamos edificando; no terceiro, temos a "causa das noções superiores", indicando as eminências que nos cumpre atingir. Num deles moram o hábito e o automatismo; no outro, o esforço e a vontade; e no último, o ideal e a meta superior a serem alcançadas. Distribuímos, deste modo, três andares: o subconsciente, o consciente e o superconsciente. Como vemos, possuímos em nós mesmos o passado, o presente e o futuro. A mente é a orientadora desse universo microscópico, em que bilhões de corpúsculos e energias multiformes se consagram a seu serviço. Dela emanam as correntes da vontade, determinando vasta rede de estímulos, reagindo ante as exigências da paisagem externa, ou atendendo às sugestões das zonas interiores.

Utilizaremos, outrossim, dos enunciados do médico-psiquiatra Jorge Andréa para complementar nossa linha inicial de raciocínio, distinguindo essas três zonas de nosso psiquismo. A primeira delas pode ser caracterizada como sendo a superfície com as costumeiras ações intelectivas do nosso dia-a-dia (o consciente); a segunda, o psiquismo de percepções mais avançadas e que fará parte do quotidiano em futuros milênios (o superconsciente); e, finalmente, a zona espiritual (o inconsciente) onde se encontram os arquivos e as potencialidades totais do ser.

A zona superconsciente é responsável pelo impulso da efetivação; já a zona consciente seria responsável pela capacitação analítica através da utilização das estruturas encefálicas; e "o inconsciente ou zona espiritual", por ser zona de comando, vai-se ampliando sempre diante das etapas renovatórias que as reencarnações propiciam.

"Inegavelmente, cabe a Freud ter sido o verdadeiro pioneiro das manifestações do inconsciente e, como tal, o fundador da psicologia profunda. Foi o primeiro a transformar nossa esfera interior e ver que energias da alma são deslocáveis. (...) Freud, fundamentando a maioria dos impulsos do inconsciente no sexualismo, não teve a idéia proposital de atingir tamanho alvo. Não há dúvida de que o sexo participa de uma série de fatores psicológicos, mas não é senhor das atividades psíquicas. (...) Necessitamos acabar com a trivial idéia de que o inconsciente é conseqüência da zona consciente, um fosso onde existem paixões, baixezas, vulgaridades, barbáries e crimes. Ele é, também, a fonte de beleza das artes e das ciências, adquiridas pelas experiências pretéritas. (...) Foi Jung que melhores dados colheu da energética inconsciente. (...) demonstrou existir significação para todos os sintomas, inclusive os psicóticos, onde, hoje, buscando explicações no mecanismo palingenético ou reencarnatório, um sentido bem mais lógico e melhor definido"[1].

Acreditamos que com essas colocações, que vêm de encontro com a proposta que aqui almejamos explorar, nós nos condicionamos à maior receptividade para engendrar nosso mergulho nas brumas da mente.

---
[1] Jorge Andréa: *Visão Espírita nas Distonias Mentais.*

1
Novos Planos

Era uma manhã ensolarada. Um desses belos dias com que a natureza, perfeita obra de Deus, nos contempla. Havia deixado ainda há pouco meu posto de serviço e rumava reflexivo ao núcleo de aprendizado com que houvera me familiarizado tanto, quando lá estive para estudar os dramas da infância e sua relação com os espíritos.

Pensava sobre como as minhas atividades estavam se desenrolando. Vinha de atendimento complexo que procurava oferecer em concurso com outros companheiros nas esferas inferiores da espiritualidade. Atualmente dedicava a maior parte do meu tempo a atividades de atendimento em esfera próxima da crosta; vinha desenvolvendo trabalho coligado com instituições superiores de triagem e amparo aos espíritos que se encontravam em amplas complicações mentais. Operava em pequeno núcleo espiritual que recebia espíritos resgatados das sombras, assim como também eram encaminhados até nós espíritos socorridos em sessões mediúnicas nos centros espíritas e em outros núcleos espiritualistas empenhados responsavelmente em tais causas.

Nosso papel era atender as primeiras necessidades destes espíritos, caracterizados por problemas mentais, dificuldade de adaptação, confusão de identidade e distúrbios mentais de maneira geral. Auxiliávamos conforme as possibilidades, pois na maioria dos casos o tempo é o melhor auxiliar daqueles que não querem se ajudar. Alguns permaneciam mais tempo conosco, outros eram encaminhados a abrigos, "casas de recuperação" localizadas próximas da crosta. Outros necessitados recebiam por méritos a possibilidade de transferência para espaços mais espiritualizados e relativamente distantes da crosta.

Na espiritualidade, a barganha por melhor atendimento, que se consegue comprar na Terra, não funciona. Cada um recebe em comum acordo com o que produziu de bom. O próprio distúrbio que apresenta é reflexo das conseqüências das atitudes que adotou, não podendo responsabilizar a ninguém por isso senão a si próprio. Mas na infinita bondade divina, sempre recebemos auxílio e alívio para nossas chagas. Infelizmente, nem sempre estamos abertos a isso.

Nossas atividades não se resumiam somente a estes trabalhos. Também participávamos regularmente de excursões socorristas junto à crosta, a hospitais, sanatórios e centros espíritas, como também mergulhávamos no mundo obscuro criado a partir dos desvios mentais de nossos irmãos doentes. Trabalhávamos em pequenino agrupamento responsável pelos socorros deste tipo em uma localidade específica, mas havia ramificações inúmeras destes trabalhos, coordenados por espíritos muito evoluídos, se comparados a nós outros, e que tudo orientavam de mais alto. Por vezes passávamos por cursos de qualificação, estudos, ou mesmo tínhamos a possibilidade de integrar importantes comitivas de missionários que desciam a nossa esfera em resgate aos necessitados de toda espécie. Éramos pequenos aprendizes na arte de auxiliar o nosso próximo.

Foi com estas reflexões que me aproximei da localidade espiritual tão querida às minhas lembranças. Fui imediatamente procurar o amigo que viera visitar depois de vários meses sem contato. Fora um de meus primeiros instrutores quando aqui cheguei aportando do mundo corporal. Nesta oportunidade, por longo tempo trabalhamos em conjunto, estivemos próximos quando na matéria por mais de uma vez. Havia fortes laços de afeto e respeito mútuo que nos uniam. Chegara próximo ao intervalo das atividades e resolvi aguardar passeando pela praça onde tantas vezes recebi importantes lições sobre a vida e suas nuanças.

Observando a bela paisagem que revia saudoso, caminhei ao redor da fonte renascentista que ornamentava a praça em frente à instituição e, aos poucos, perdido entre pensamentos e recordações, perambulei por vasta extensão de verde. Fazia algum tempo que não visitava local como esse. Há muito trabalho. Grande ilusão conceber inatividade na espiritualidade! Quando despertamos para as responsabilidades que possuímos junto à sociedade que ajudamos a construir, constantemente nos esquecemos de nós mesmos para empreender todo o tempo útil em benefício de causas elevadas. Era assim que eu tentava fazer. Como descansar enquanto há gemidos de dor em toda parte?

Ainda lembro quando aprendi que tudo isto que visualizava agora era fruto de mentes treinadas, que conseguiam manipular o fluido universal para dar forma às diferentes construções e parques que víamos na espiritualidade. Esta situação era mantida por aqueles que aqui vinham e que, envolvidos nesta mesma faixa vibratória de pensamento, sintonizavam com a realidade construída. Os sentimentos elevados que brotavam de nós ao contemplar tais locais funcionavam como força motriz na manutenção do clima existente. Desta forma, não era preciso ninguém limpando nada, como precisamos na superfície do planeta. Desta mesma forma é que funciona o umbral, onde mentes desequilibradas dão vazão aos sentimentos deprimentes que alimentam e inconscientemente modelam o fluido universal que a tudo permeia.

Foi envolto nestes pensamentos que Maximiliano me encontrara.

– Como vai, François? Avisaram-me que já havia chegado e que preferira aguardar-me junto ao parque.

Após efusivos comprimentos e relatos rápidos de como andavam as tarefas de cada um, comentei o assunto que me fazia visitá-lo, unindo o útil e o agradável.

— Preciso de sua orientação amiga com respeito à tarefa que me cabe. Sei que o trabalho não é meu, que assim como utilizarei um médium para anotar meus relatos também represento as intenções de outros companheiros. Tenho algum receio de não conseguir fazer frente às expectativas que alimento para a execução deste projeto.

— Por que tamanho receio, François? Sabe que assim como somos amplamente limitados em nossas condições, os irmãos envolvidos pelos fluidos materiais o são muito mais. Não deve alimentar tanto receio. O trabalho foi amplamente planejado, cada um terá somente responsabilidade por sua parte, fazendo esforço para ser útil no auxílio aos demais. Os amigos que nos orientam e acompanham de mais alto sabem de nossas limitações e não esperam de nós mais do que podemos fazer. Não deixe que pensamentos desta ordem se avolumem dentro de vocês. Lembre que estamos semeando. Sendo assim, nosso papel é adubar a terra e fornecer as condições necessárias ao seu desenvolvimento. Ao passarmos a muda para o cuidado de outros companheiros, dependerá deles o restante do desenvolvimento da planta.

— Não gostaria que as pessoas tomassem minhas palavras como a única verdade e sei que isso é comum quando lidamos com profitentes de determinada crença. Quero que entendam que lhes apresentarei algo que aprendi, da maneira que entendi, mas que não sou dono da verdade. Além de tudo, eu irei utilizar outro companheiro para transferir isso para o papel, o que se constitui em mais um fator de ruído no que quero dizer.

— Sabe que nossas intenções valem mais que mil palavras e, se realmente conseguir estar imbuído de nobres ideais quando da elaboração deste material, conseguirá obter o êxito possível para o nível de desenvolvimento em que ainda nos encontramos. Sabemos que o médium foi preparado antes de sua reencarnação e durante a mesma, e que conta com amplo apoio espiritual para atingir os principais objetivos. Para isso tem sido inspirado a leituras que o familiarizem com o tema. O campo está pronto para o plantio. Lembremos que num trabalho realizado a muitas mãos, se não conseguirmos encontrar harmonia entre os trabalhadores nossos objetivos se perdem. Guarde foco no principal.

– Termos técnicos e conceitos comuns na espiritualidade, mas que faltam aos seres humanos encarnados, serão enormes empecilhos na fidedignidade que gostaria de dar ao relato.

– Sabemos disto, mas não tem sido assim desde o início dos tempos? Jesus não nos falou por parábolas? A letra mata e o espírito vivifica. Torçamos para que nossos leitores saibam refletir sobre as idéias que ficaram nas entrelinhas.

Nossa conversa se estendeu por mais alguns instantes. Maximiliano precisava retornar às suas atividades. Ele estava auxiliando novo grupo de curiosos estudantes recém chegados da crosta. Despedimo-nos e com alegria lhe informei que passaria uma temporada pelas redondezas, concentrado em preparar o relato que deveria levar à execução. Assim, poderíamos nos rever em pouco tempo.

* * *

Dirigi-me ao prédio que me alojaria pelos próximos meses, período no qual deveria estudar e refletir tendo em vista a elaboração do material que transmitiríamos aos encarnados. Qual estudante que se desloca para estudar em outra cidade, adentrei esperançoso a recepção da instituição que me abrigaria. Recebi rápidos apontamentos e fui guiado ao meu quarto. As atividades de estudo teriam início na manhã seguinte.

Estudaria durante o dia, com relação ao ciclo diário da crosta, e aproveitaria o tempo durante a noite para escrever, revisar e refletir. Esta programação estava aberta a alterações quando as mesmas se fizessem necessárias. Enorme responsabilidade me impelia a redobrado esforço na produção do que ditaria futuramente. É bastante comum aproveitarmos prioritariamente o período do dia na Terra para estudar e realizar atividades particulares, pois a noite, além de potencializar as manifestações da atmosfera espiritual, é oportunidade valiosa para intercâmbio de auxilio aos encarnados. Lembremos que a população espiritual cresce muito durante a noite enquanto os encarnados dormem. Espíritos em tarefas mais elevadas, por vezes, deslocam-se para outros hemisférios do globo para aproveitar as maiores possibilidades noturnas em diferentes locais. Mas isso não é muito corriqueiro entre nosso nível evolutivo.

Alojei-me rapidamente. Meu quarto era pequeno, muito simples, mas havia nele tudo de que precisava. Fazia questão de manter um hábito que possuía: carregar comigo as principais obras literárias que já tivera a oportunidade de ler. Apesar de conhecer seus conteúdos, não me furtava de relê-los e refletir sobre os enunciados elevados que traziam. A responsabilidade que assumira em transmitir esclarecimentos escritos através da mediunidade me fizera amplificar as leituras e reflexões. Estava no local onde teria privacidade suficiente para mergulhar em recordações objetivando extrair os principais ensinamentos que pude aprender. Meus pensamentos refletiam a empolgação que habitava meu espírito.

A espiritualidade particularmente me encanta pela possibilidade que fornece de aprendizado livre de barreiras sociais. A encarnação é grande escola, a maior de todas, pois é onde exercitamos o que foi aprendido, mas sob outro enfoque. Por enquanto, é na espiritualidade que temos acesso a qualquer tipo de informação que quisermos buscar. As limitações existentes são íntimas, mas podem ser amplamente trabalhadas se estivermos interessados nesta tarefa. A possibilidade de convivência com instrutores experientes faz ruir qualquer dúvida com relação ao que nos transmitem. Mesmo donos de grandes conhecimentos, eles são humildes em suas orientações, esperando sempre que tenhamos condições para assimilar o que sabem. Cada um segue seu próprio ritmo de aprendizado, que varia conforme o gosto e o empenho de cada um dos envolvidos.

Estas "universidades livres", se é que podemos assim chamá-las, são como estágios constantes, onde vivenciamos o aprendizado e nos tornamos construtores do conhecimento. Possuímos liberdade de interrogar, meditar, refletir e supor; nada nos é imposto. A lógica racional nos padroniza o saber. É como se a filosofia deixasse os livros, e a história, o passado; e a bioquímica, a fisiologia, a física e a medicina formassem um todo único ainda difícil de imaginar nas escolas terrenas. Todo o conhecimento entrelaçado para apontar a única alternativa que nos resta: amar.

A humanidade encarnada, a qual ainda pertencemos por estarmos em rotineiro trânsito pela matéria, sofre com o extremo preconceito que adota diante de suas padronizações científicas que tolhem a criatividade e a inovação. Retardamos descobertas novas, encobrimos informações por interesses mesquinhos, limitando mesmo os vocábulos e a terminologia aprimorada para transmitir informações espirituais. Somos herdeiros de nossos atos; teremos aquilo que construirmos para nós mesmos. Cabe a nós trabalhar pela renovação.

Saí para conhecer as dependências do local onde permaneceria bom tempo trabalhando. Conheci a biblioteca, os jardins, as classes e pude rever alguns bons amigos de outros tempos. É fácil nos adaptarmos em locais onde existem ideais em comum.

Retornei para meus aposentos no final da tarde pretendendo iniciar minha tarefa já no início da noite. Comecei meu empreendimento tendo em mente as orientações que recebi quando assumi o compromisso que venho executando. Lembro-me bem da orientação superior para não me preocupar com definições precisas, que seriam impossíveis; deveria me preocupar com o principal: transmitir estímulos à reflexão dos companheiros encarnados. A maior dificuldade é encontrar analogias para demonstrar aquilo que não se conhece ainda na Terra. Teorias novas dificilmente são aceitas por faltarem embasamento. Mesmo entre os gênios da ciência a inspiração espiritual não consegue transmitir senão pequenas peças do quebra-cabeça que só vêm a formar uma imagem coerente depois de algum tempo de muito trabalho. Felizmente, a abundância de livros mediúnicos tem fomentado novos conceitos que podem facilitar nosso trabalho aqui do outro lado. Mas nem tudo são flores, já que a pressa por publicar e receber obras mediúnicas faz com que surjam discrepâncias. Lembremos-nos de que a espiritualidade é como o mundo material, tem espíritos com aspirações distintas. Há os que confundem, os que constroem e os que, dotados de boas intenções, acabam distorcendo conceitos por falta de estudo sobre o assunto. Atraímos em concordância com o que somos.

Essa é minha maior preocupação: não estar entre os bem intencionados que mais confundem do que auxiliam. É preciso muito trabalho, muito estudo, muita orientação superior. Mesmo assim, sei que cometerei equívocos. Por isso reitero que reflitam sobre tudo. A perfeição somente pertence a Deus. Apelo para a educação dos companheiros encarnados. Sejamos maduros em nossos julgamentos; respeitemos o direito que todos possuímos de pensar diferente.

2
Iniciando o Relato

Estava ansioso para dar início a novo aprendizado. Amplamente cativado pelos mistérios do psiquismo humano, esperava conhecer novas facetas dos dramas tão freqüentes à humanidade.

Segui apressado para o local combinado. A reunião inaugural estava marcada para ocorrer na instituição maior que regia o pequeno agrupamento onde eu desenvolvia humildes atividades de assistência. Conhecia algumas partes da instituição; deveria apresentar-me no prédio administrativo.

Minha nova vivência teria início com rápida explanação no auditório dedicado a esclarecimentos de estudiosos e trabalhadores novos. Particularmente prefiro utilizar a expressão vivência por sugerir melhor a forma como o aprendizado é conduzido. Tratando por curso forneceria idéia equivocada de que somos induzidos a acreditar em concordância com aquele que dirige as atividades, sendo ainda limitados por conteúdo previamente definido. Na vida, as coisas nem sempre saem como esperamos, e a experiência de vivenciar o aprendizado permite que estejamos aptos, ou, diria ainda, permite que estejamos munidos de bagagem empírica para nos adaptarmos às necessidades quando elas surgirem.

Encontrei um auditório de expressão reduzida. Soube que o limite de participantes era de quinze aprendizes. Em poucos minutos adentrara ao recinto pequena comitiva de espíritos encarregados de nos fornecer as devidas orientações. Cada grupo de três participantes receberia a assistência diuturna de um orientador mais experiente que assumiria a responsabilidade por nos encaminhar em nosso aprendizado. Fizeram questão, estes experientes companheiros, de enfatizar a necessidade de empenho que cada um de nós deveria ter. A busca seria pessoal e íntima. Estimularam-nos às dúvidas construtivas, apontando sempre para a fragilidade de nossas concepções adotadas temporariamente como verdades rígidas.

Nesse clima de fraternidade, buscando ampliar horizontes, fora encaminhado a pequeno agrupamento que me propiciaria novos aprendizados. Castro seria nosso orientador naqueles dias. Tinha uma feição séria, característica de quem é dado a poucas palavras. Falar somente o necessário, à primeira vista me parecia seu lema. Rudolph era estudioso das questões psíquicas; não vivera no Brasil em sua última encarnação e aparentava um homem maduro. Alguns cabelos brancos afirmavam sua aparência de seriedade. Vestia-se com trajes elegantes do século XIX. Anna era a mais comunicativa integrante do grupo: mulher de feições jovens, vestia-se de acordo com a moda do início do século XX. Logo de início simpatizamos mutuamente: era um espírito dotado de grande inteligência.

Realizadas as primeiras apresentações, Castro nos saciou a curiosidade com alguns informes:

– Creio que os amigos estão todos informados sobre as tarefas que nossa instituição executa. A organização a que nos filiamos foi fundada há alguns séculos quando do início das pesquisas psíquicas na esfera terrestre. Espíritos de condição mais elevada assessoraram muitos destes estudiosos, quando desencarnados, na formação de pequenos núcleos dedicados aos primeiros socorros de nossos irmãos colhidos da vida em grandes dramas de consciência. Ampliando as possibilidades de colaboradores especializados nesses agrupamentos, tornou-se possível estender o raio de ação para junto de encarnados e desencarnados, mantendo hoje vínculos com instituições existentes no plano físico e tutelando diversos profissionais da saúde.

Observava que cada orientador fornecia esclarecimentos oportunos aos seus tutelados. Castro continuou:

– Estamos em construção mental muito próximo à crosta, em plano dimensório distinto. A região onde nos situamos é caracterizada por constante névoa. Podemos dizer que estamos na linha limítrofe da esfera material com a espiritualidade, estacionados junto aos portais da espiritualidade inferior. Cabe ressaltar aqui que estas diferentes nomenclaturas que adotamos para designar diferentes níveis dimensórios é construída e alimentada pela condição mental de seus habitantes. Carregamos o paraíso e o inferno conosco, em nossa intimidade, exteriorizando a condição que nos caracteriza. O drama de milhões de espíritos, manifestado incessantemente, é responsável pela aparência pestilenta da região onde nos assentamos. Simbolicamente poderíamos dizer que estamos situados entre o purgatório e o inferno.

Nesse purgatório simbólico, constituído do plano físico e da espiritualidade imediata a ele, funcionava a pequena instituição a que me filiava em atividades de assistência.

Mais alguns esclarecimentos nos foram fornecidos. Soubemos os principais focos que deveríamos estudar, entendendo que sempre que possível mobilizaríamos esforços em conjunto com nosso orientador para aprender auxiliando.

* * *

Nossas observações iniciariam na própria instituição, pelas alas destinadas aos necessitados recolhidos em extremas provações, e que por variados períodos permaneciam asilados nas enfermarias.

Caminhamos por um largo corredor. Nosso pequeno agrupamento seguia sozinho. Foi-nos explicado que havia enorme tentativa para suavizar as impressões carregadas que a região dava ao ambiente, que deveria ser o mais agradável possível. Havia belíssimas pinturas ornando as paredes de toda a instituição; músicas tranqüilas sonorizavam os espaços diversos.

Seguíamos Castro em silêncio. Sabíamos estar em local de trato extremamente delicado e qualquer emissão mental indisciplinada de nossa parte podia repercutir negativamente sobre os enfermos.

Assim como nós, os outros quatro pequenos agrupamentos se lançaram a observações em diferentes alas do hospital-abrigo.

A divisão em pequenos grupos tem grande uso na espiritualidade. Sua eficiência é louvável, pois permite participação ativa de todos os integrantes e alimenta ainda importante relação cordial entre os membros.

A instituição era bastante extensa e responsabilizava-se por enorme área de atuação, coordenando e recebendo necessitados de diferentes instituições subordinadas. Já houvera estado aqui inúmeras vezes escoltando enfermos ou recebendo esclarecimentos e planos de atuação. Neste local eram articuladas as normas gerais que deveriam reger cada núcleo menor de assistência. Esses núcleos atuavam objetivamente, servindo de base de amparo quando necessário a expedições socorristas.

Paramos em frente à larga porta; ao lado da qual podia se ler: Ala norte, setor III – A. Toda a construção aprentava tons de verde.

Lembrei-me da classificação, pois já a conhecia antecipadamente: ela é adotada como padrão aos núcleos filiados a esta instituição, mas não deve ser tomada por regra. Os doentes eram alojados por alas de acordo com a região específica a que se filiavam. Era uma forma de indicar onde haviam encarnado na última vez, ou ainda, podia dizer respeito à localização da região espiritual a que se vinculavam. Estavam dispostos em setores conforme as implicações que portavam, variando em escala de um a três, em grau ascendente de complexidade. Estes procedimentos facilitavam muito as atividades de auxílio. A letra designando a enfermaria somente indicava a numeração da mesma.

Soube por isso que acompanharíamos espíritos em condição extrema de debilidade. Locais assim classificados dificilmente apresentavam espíritos em condições lúcidas, com capacidade de comunicação coerente.

Castro observou-nos por um rápido momento e esclareceu:

– Sei previamente que todos já estiveram em locais como o que agora entraremos. Suas atividades junto aos necessitados os qualificam a esta oportunidade reflexiva. Como devem ter observado no aviso da porta, estamos para sondar casos graves de debilidades da consciência. Nunca é demasiado lembrar que encontraremos companheiros falidos em provação sob ação da própria consciência, a julgarem-se ostensivamente. Apesar do sono induzido a que se encontram submetidos como paliativo de seus atrozes sofrimentos, sabemos que vibrações indisciplinadas podem prejudicá-los. Ao lidarmos com casos como agora nos depararemos, nossa responsabilidade se agiganta pela oportunidade de esclarecimentos que recebemos. Resguardem-se de pensamentos curiosos que possam interferir na esfera mental dos doentes, evitem julgamentos despropositados ao constatarem a tragédia íntima dos abrigados. Peço que sondem os enfermos, observem suas viciações mentais e guardem suas reflexões para nossa posterior análise em conjunto.

Dito isso fomos encaminhados ao acesso de esterilização. Passáramos muito tempo em localidades de profundas angústias. Isso, aliado a nossa pouca condição de equilíbrio nos fazia frágeis ao contato com tão intrincados dramas humanos. Grande equívoco do encarnado crer que se transferindo de morada deixará seu mundo íntimo junto ao corpo morto. Essa atuação higienizante pela qual passávamos é bastante comum, ocorrendo de diferentes formas, algumas vezes indetectável ao olhar menos apurado. A dinâmica era semelhante ao processo de passes realizados nos centros espíritas, dispensando, no entanto, qualquer atuação pessoal, pois tudo se dava no pensamento. O pensamento move a forma.

3
Na Enfermaria

Passamos pela porta de acesso à enfermaria. A cena que se descortinava perante nossos olhos era estarrecedora. Estávamos diante de quadro dramático. A fraca luz que iluminava o extenso pavilhão deixava entrever as expressões de dor que marcavam a face inerte de cada um dos albergados.

A cena lambrava uma enfermaria de guerra. Leitos muito alvos contrastavam com pesadas "nuvens negras" que pareciam contornar as mentes de nossos tutelados. Havia número imenso de mutilados, deficiências de toda espécie. O reflexo dos pensamentos enfermiços, mesmo que não manifestados de forma consciente, interferiam amplamente na organização perispirítica. Muitos davam a impressão de ter anulado a organização biológica espiritual: eram grandes vítimas de si mesmos.

Conforme orientado anteriormente, seguimos os três, individualmente fazendo observações. Por vezes, aprofundávamos nossa concentração buscando conhecer particularidades dos dramas que envolviam os enfermos. Com muito respeito pelo sofrimento alheio, nós os envolvíamos em preces discretas a cada contato mais direto. A tristeza refletida naqueles rostos era tamanha que se tornara impossível não se comover com os dramas íntimos que verificávamos.

Curiosamente, coloquei-me ao lado de um rapaz de feições jovens que apresentava expressões um tanto quanto confusas. Em uma análise mais acurada constatei que havia algo de diferente em seu perispírito, o qual opaco e sem vitalidade, parecia um corpo "gasoso". Percebi que havia um aparelho pequeno que desconhecia junto à cabeça do rapaz.

Aprofundando minha visão ante o drama que observava, divisei pesadelos desconexos, nos quais ficava evidente a rivalidade do doente com outras personalidades. Pareceu-me, por vezes, que tais visões oníricas correspondiam ao momento de sua morte, que se dera em circunstâncias violentas. Noutras vezes, a visão onírica se deslocava a outros eventos, apontando trama complexa em que fora possível constatar a constância do envolvimento de muitas personalidades em diferentes etapas da existência do asilado. Era possível perceber que grande sentimento de revolta animava o espírito do jovem rapaz; e rivalidade com outros personagens, que vinha sendo alimentada por séculos de convivência em atrito.

Fiz questão de convidar meus companheiros de estudo para que se inteirassem do caso, procedendo conjuntamente uma prece benéfica. O drama deste jovem me comovera, seus sentimentos conturbados repercutiam em toda a sua organização perispiritual. Finda a prece, tomei sua mão inerte e procurei mentalmente lhe exortar ao perdão e à tolerância.

Guardando as dúvidas para depois, prossegui em atentas observações, inteirando-me dos casos que haviam particularmente interessado meus colegas de estudo.

Anna nos indicara um homem de aparência madura, quarenta anos aproximadamente. Havia enorme perfuração em sua cabeça, que em análise pormenorizada ficou evidente ter sido causada por suicídio com arma de fogo.

Aos menos esclarecidos com relação à vida que encontramos no plano espiritual pode parecer estranho a presença de um ferimento aberto em um doente abrigado em instituição de auxílio. O pensamento com suas propriedades ideoplásticas expõem mais vivamente aquilo que carregamos na intimidade. A impressão da desencarnação fora muito forte para o companheiro que observávamos; sua mente como que congelara o evento que ele mesmo provocara com o ato suicida.

Por mais que equipes de assistência se desdobrem em socorrer o doente, a sua mente enferma encontra-se estacionada no delito. Dependerá dele mesmo a regeneração do corpo espiritual danificado, e para tanto deverá ser encaminhado a novos processos reencarnatórios objetivando a reconstrução do veículo de manifestação espiritual, matriz do corpo com que nos apresentamos no mundo material.

O sangue escorria pelo orifício e sumia ao contato com a atmosfera ambiente, sem nem mesmo manchar o lençol. Já houvera observado fenômeno semelhante; a estrutura subatômica da matéria espiritual que compõe o ambiente era regida em combinação com mentes de servidores disciplinados em tais procedimentos. Esses servidores, em constante estado de prece, vibravam em ressonância com a constituição do ambiente conseguindo higienizar o local. O mesmo não acontecia aos doentes, que funcionavam como dínamos geradores das próprias enfermidades.

Respeitosamente emitimos ao companheiro necessitado nossos pensamentos balsâmicos. Rudolph nos conduzira para a observação de outro albergado no pavilhão.

Defrontamos-nos com um homem que deveria ter desencarnado com cinqüenta anos, talvez sessenta, em estado de demêmcia. Teríamos acesso a esses dados específicos se assim solicitássemos.

Sondando seus pensamentos pudemos constatar que fora administrador de grande empresa e que, próximo da aposentadoria, espoliara os cofres pelos os quais deveria zelar. Aos poucos, mesmo tendo passado incólume perante investigações, sua atitude começou a torturá-lo pelo remorso.

A empresa, falindo, tivera de fechar as portas despejando muitos funcionários à miséria. A constatação do desemprego coletivo que provocara, as necessidades dos ex-colegas de serviço que o acusavam veladamente com o olhar, aliado ainda ao desespero das famílias, concorreu para gradual debilidade nervosa do enfermo que acompanhávamos. Com o caminho aberto, companheiros de outras épocas habitando a espiritualidade aproveitaram a oportunidade para potencializar o colapso nervoso.

Desencarnara em tormentoso processo de culpa, assolado por pesadelos e pela visão constante das famílias que levara ao desespero. Muitos espíritos o acusavam diuturnamente. Foi neste estado que fora socorrido com vistas à nova reencarnação.

Permanecemos mais algumas horas observando e colaborando no possível para auxílio de quantos ali permaneciam asilados. Com mudo sinal, Castro nos convidava à retirada. Teríamos a oportunidade de sanar nossas dúvidas com relação ao que verificáramos.

4
Anencefalia

Deixando a enfermaria, dirigimo-nos a pequeno átrio, onde grande janela permitia ver pequeno jardim interno. Colocamo-nos em local propício para entabular as conversações que ansiávamos ter. Castro, sorrindo perante a ansiedade delineada em nossas expressões, com tranqüilidade aduziu:

— Podem falar.

Anna, educadamente, pediu permissão para se expressar primeiro.

— Mesmo estando de certa forma acostumada com estes tipos de dramas, ainda me sensibilizo muito com o que vejo. Algumas vezes, tenho receio de estar perturbando a situação dos enfermos.

Nosso orientador pensou por alguns segundos e pronunciou:

— Deus sabe que somos portadores de enormes limitações, no entanto, oferece campo de atuação a todos. A vida é uma escola de constante aprendizado, e mesmo aprendizes como nós somos úteis ao equilíbrio das coisas. Se por vezes nos deixamos sentir repulsa pelos doentes, por seus erros, é sinal que aponta a condição de amadurecimento em que nos encontramos. Se a cada dificuldade nos acreditássemos inaptos a servir não haveria servidores. Não há quem tenha progredido sem passar por receios como este. É preciso que entendamos que estamos sempre amparados, para que no desejo de servir não venhamos a nos precipitar em graves erros.

Quem busca servir com sinceridade deixa de ser cego guiando cegos, pois aprende a perceber seus limites de atuação. Porém não desiste jamais de aprender para ultrapassar suas próprias limitações. Lembremos as palavras de Jesus: "Onde dois ou mais estiverem reunidos em meu nome, ali também eu estarei."

– Fiquei muito impressionada com o drama particular de irmão que deixara a vida pelas vias do suicídio – continuou Anna. – Gostaria que nos esclarecesse com relação a este caso em particular.

– Creio mesmo que seja uma situação bastante elucidativa para refletirmos. Como ocorre por diferentes motivos, nosso enfermo, sem crença alguma que o sustentasse no auge da tempestade íntima, iludira-se acreditando ser o suicídio sua melhor alternativa para se livrar dos problemas. Sua saída pela porta dos fundos foi premeditada, tivera muito tempo para refletir e mesmo assim optara por tirar a própria vida. Fora socorrido após longo período em prostração junto ao sepulcro. Crendo nada existir após a morte do corpo, auto-induziu-se a uma espécie de hibernação. Como puderam constatar, carrega ainda desejo íntimo de auto-aniquilação, pois seu psiquismo profundo, seu espírito, não dormita. Esta situação se arrasta há muito tempo. Encontra-se nosso asilado em vésperas de refazer a viagem terrena pelas portas da reencarnação.

Aproveitando a pausa que nosso instrutor dera à conversa, ousei indagar:

– E quanto ao orifício que sangra?

– Apesar do sono magnético induzido em que o envolvemos, ele pôde, por algumas ocasiões, participar de atendimentos mediúnicos junto a agrupamentos espíritas da crosta. O contato com os fluidos nervosos dos médiuns propiciava despertamento das faculdades adormecidas, dando ao necessitado conhecer parcialmente sua real situação. No entanto, intimamente, segue ele desejoso de não existir. Tem consciência de sua real situação, mas seu perispírito danificado em conjunção com o desejo de não melhorar não lhe oferece possibilidade de manifestar-se conscientemente junto a nós. Somente nova reencarnação, pelo processo de reconstrução corporal, poderá minimizar mais rapidamente seu drama. Por esta mesma causa costumamos encaminhar necessitados nesta condição para agrupamentos mediúnicos, onde possam se utilizar de organismos em bom estado de conservação para conseguirem ter consciência parcial do que ocorre com eles. Tratando mais especificamente da pergunta feita, nosso perispírito é regulado pelo psiquismo de profundidade, a parte de nós que não morre nem danifica. Penetrando nas raias do automatismo fisiológico por indução mental, nosso irmão sofre a repercussão da imagem de auto-aniquilamento em que se fixou. Por este motivo, por mais que desejemos reparar os danos, estamos com nossa atuação limitada pelo estado do espírito com que lidamos. Assim o sangue continua a escorrer pelo orifício.

Rudolph apreciava o jardim, refletindo, enquanto conversávamos. Virando-se para nós levantou o seguinte questionamento:

– Estaríamos nós refletindo com relação a um provável caso de anencefalia no futuro processo reencarnatório?

Um sorriso de assentimento foi a resposta de Castro. Aguardamos em silêncio a participação de nosso orientador.

– A repercussão de nossos atos em futura reencarnação depende da forma como assimilamos cada situação. Por isso tantas variações na maneira em que se apresentam as conseqüências de nossos atos, mesmo que as motivações tenham sido semelhantes. Entendemos cada coisa de uma maneira diferente. No processo específico que analisamos, em função do forte desejo de auto-extermínio que ainda empolga nosso asilado, não conseguiremos encaminhá-lo para nova reencarnação em melhores condições. Há casos em que a conduta íntima do necessitado nos faculta maiores recursos na tarefa de auxílio, mas a falta do sentimento de arrependimento aliado ainda ao desejo de não existir nos dificulta muito qualquer medida atenuante.

– Esse anencéfalo nascerá em núcleo familiar previamente escolhido, imagino – acrescentei.

– Nada é por acaso na vida. Existe a possibilidade de encontrarmos a solidariedade de pais compreensivos que se ofereçam a conceder uma oportunidade de tratamento ao companheiro necessitado. Pela condição da Terra, ainda possuímos grandes dificuldades de assimilar a geração de um feto "malformado" quando nos encontramos encarnados. Mas para nós, que observamos o procedimento por outro ângulo, a gestação de um anencéfalo, por exemplo, é uma medida salutar para o ser em formação. É o remédio amargo que cura. Precisamos lembrar que não existe arbitrariedade envolvida; é pura e simplesmente a colheita das conseqüências dos atos que praticamos. Somos os únicos responsáveis. Pais que recebem gratuitamente esta possibilidade podem ser considerados missionários, que receberão a gratidão sincera por parte do espírito na condição de filho que socorrem. Infelizmente, assim como ainda optamos pelo suicídio em nossa condição evolutiva atual, igualmente somos levados a receber as conseqüências amargas de nossos atos impensados. Muitos são os pais que recebem filhos deficientes por terem praticado abortos nesta ou em outra encarnação. Na imensa maioria dos casos, o anencéfalo, quando ocorre por conseqüência de um suicídio, tem relação com a família que irá nascer; seus pais provavelmente estiveram relacionados com seu ato desesperado em outra ocasião.

– Atualmente discutimos, enquanto humanidade, a possibilidade de intervenção na gestação quando da constatação de "malformação" do feto. Estaríamos então acabando com medida salutar? – Anna interferiu, bastante preocupada.

– Pois sim. Cabe ressaltar que a casuística do anencéfalo é

mais complexa do que parece. Há muito tempo sabe-se que a vida física inicia quando da fecundação. Há mesmo ocasiões em que o espírito que irá reencarnar permanece junto da mãe inconscientemente magnetizando o óvulo que será fecundado. Isso ocorre muito seguidamente quando a gravidez possa incorrer em situações singulares. Trata-se de medida útil para a maior afinidade entre mãe e futuro filho. É muito comum este tipo de medida com relação ao espírito que produzirá um corpo com anencefalia. A equipe espiritual de assistência evita os transtornos possíveis de ocorrer pela aproximação do companheiro desequilibrado, se assim houver condições de proceder. Este reforço na afinidade tem o objetivo de fortalecer o carinho dos pais pelo ser que está sendo formado, para que quando da constatação do problema fetal se evite optar pelo aborto.

– Uma opção pelo aborto é bastante séria, tendo em vista ter nos apontado um profundo envolvimento entre os pais e a situação do espírito que estará envolvido no processo gestatório – comentei por minha vez.

– Está conclusão é evidente. Os pais, ao invés de estarem aproveitando a oportunidade de reconciliação, estão fomentando o acirramento da rivalidade.

– Triste que mesmo tendo esta possibilidade de conhecimento, os encarnados ainda optem pela opção equivocada – concluí.

– É conseqüência de nosso estado evolutivo. Somos ainda muito apegados à forma e pouco preocupados com as questões morais que envolvem a vida. Analisamos egoisticamente tudo, só pensamos em nós, e não nas necessidades de quem vai nascer, ou por que essa malformação aconteceu. – E Rudolph seguia: – Os médicos encontrarão uma causa física para isso e incentivarão o aborto, no caso de não possuírem base ética. Mal sabem eles que carregarão na consciência o pesado fardo de terem tirado vidas humanas ao invés de auxiliar em suas necessidades.

Aos poucos fui conhecendo este singular companheiro que atendia por Rudolph. Mais tarde soube que houvera ele sido médico na Alemanha. Seu semblante fechado era fruto dos desatinos que houvera cometido enquanto exercia a medicina. Entre seus deslizes estava a prática de muitos abortos. Estudava com vistas a retornar para defender a vida em nova existência física.

– De maneira alguma a vida pode ser colocada em segundo plano – continuou Rudolph. – Fala-se em captar os órgãos dos pequeninos malformados para transplante. Como desconsiderar que se existe a formação de órgãos tão perfeitos a ponto de serem pretendidos existe também um ser que os formou. É um espírito, que errou diante da vida, como todos nós erramos, e que precisa desta oportunidade para se refazer. Seremos nós aqueles que lhes fecharemos a portas ao restabelecimento íntimo? O que será de nós quando formos colhidos em circunstâncias semelhantes? Quem abraçará aqueles que se desfazem da vida alheia como se fora um simples pedaço de carne sem vida? Estamos sendo muito irresponsáveis aceitando a banalização da vida, mas as conseqüências destas escolhas virão, se não forem rapidamente alteradas.

– Rudolph estava com o olhar vago, como a vislumbrar algo que não víamos. – Logo estaremos descartando a velhice e todos mais que estiverem onerando o Estado ou nossos bolsos. Seremos vítimas de nós mesmos.

Rudolph falava emocionado. Sua voz embargara e tivera que se conter em sua pronunciação. Permanecemos calados diante da constatação de tão grave momento que vivia a espécie humana.

– Podemos ser coniventes aceitando nossa parcela de responsabilidade por saber e não ter feito nada; ou poderemos trabalhar para dilatar o limitado ponto de vista que abraçamos enquanto humanidade encarnada. – Castro concluíra o assunto.

5
O Peso do Remorso

Cada oportunidade que dedicamos ao aprendizado sincero é rica em reflexões construtivas, por mais simples que sejam as experiências que obtivermos. Com pequena dose de boa vontade torna-se possível colher bênçãos de renovação.

Envolvidos neste ideal, passamos a refletir com relação ao drama do companheiro que espoliara a empresa onde trabalhara e arrojara-se vítima de demência, sucumbindo ante o remorso corrosivo. Em observação anterior, compreendêramos que este companheiro não conseguiria retomar rapidamente a uma condição de equilíbrio. Sua situação era bastante delicada: houvera lesado o sistema nervoso central e transformara seu perispírito em conseqüência da dor moral que o dilacerava. O grau de intensidade dos sentimentos de que nos fazemos portadores repercute diretamente sobre a estrutura biológica de nosso corpo, seja o corpo material do plano físico ou o corpo semi-material da espiritualidade.

Nosso amigo havia se entregado à autopunição. Não deixara de assumir uma posição de suicídio, que não houvera se manifestado em atos enquanto encarnado, mas que operara silenciosamente em seu íntimo, exigindo-lhe sofrimento como forma de saldar dívidas.

Foi envolvido neste contexto que Rudolph dirigiu o seguinte questionamento ao nosso colaborador:

— Tenho constatado que a vontade dos enfermos impera

amplamente sobre as possibilidades terapêuticas de atuação paliativa. Casos como este que nós discutimos agora encontram rápida solução?

– Sempre que envolvemos sentimentos depreciativos para com nós mesmos, alimentamos o auto-extermínio ou o remorso, que não deixam de ser uma variação dos sentimentos anteriores. Torna-se muito difícil qualquer intervenção de nossa parte, por melhores que sejam nossas intenções. Nosso enfermo atrai para si vibrações de conteúdo negativo em função do conteúdo mental que alimenta. As tentativas de auxílio ficam impedidas pelo sentimento de punição de que se crêem merecedores.

– Será a passagem por uma nova gravidez, com vistas ao mergulho reencarnatório, a melhor alternativa para situações como estas? – interrogou Anna.

– É a possibilidade que nos resta. Tudo o mais que operarmos terá efeito de aliviar o necessitado, mas somente a possibilidade de confrontá-lo com a necessidade de formulação de novo corpo biológico no plano físico é que conseguirá atingir algum resultado satisfatório. Mesmo assim, em conseqüência do remorso e da passividade perante os infortúnios de que se vê merecedor, não conseguirá modelar um corpo em perfeita saúde. Nosso companheiro renascerá portador da síndrome de Down, apresentando um terceiro cromossomo vinte e um.

Castro esperou alguns instantes, que nós não ousamos interromper e, como que buscando dados na memória, retomou o diálogo:

– A ciência entre os encarnados tem sido fortemente impulsionada pela espiritualidade, o que nos possibilita abordar as situações sob um ponto de vista mais coerente, assemelhando-se àquele que manifestamos quando nos encontramos além da matéria densa. Atualmente, os cientistas encarnados estudam o efeito da meditação e da prece, principalmente entre os místicos do oriente, e tem sido possível constatar que estas práticas alteram o padrão de funcionamento da loja cerebral. Nós compreendemos por nossa vez que as emoções se originam no espírito e suas sensações interagem com o conglomerado celular que compõe os organismos espiritual e físico. Desta forma, precisamos considerar o agente espiritual envolvido na gênese de todos os distúrbios que se manifestam na superfície. A mente enfermiça – o espírito produzindo freqüências mentais de reduzido padrão freqüencial – acaba por estabelecer uma rotina de funcionamento aos seus constituintes materiais que produzem deformidades perispirituais, que são, por sua vez, reflexionadas ao campo biológico da matéria densa.

Castro fazia questão de pausar a conversação para que pudéssemos compreender da melhor maneira possível o que nos transmitia. Continuou:

– O espírito é quem produz o pensamento. O teor dessas produções mentais é que movimenta a matéria sutil, provocando conseqüentemente adaptações no meio físico. O pensamento permanece intimamente vinculado ao sentimento e à conduta; foi evoluindo gradualmente dos fulcros do espírito resultando nos centros nervosos que lhe são o substrato. Esse pensamento traz reflexos imediatos quando da formação do corpo no interior do útero materno. O emprego do ectoplasma produzido pela genitora sofre modelações pela força desses influxos mentais do ser reencarnante, relacionando-se assim o estado mental do espírito com a construção de novo cosmo biológico, onde deverá atuar em outra etapa de aprendizado. Trazemos para a esfera da matéria densa aquilo que somos mentalmente. Por esse motivo é que diferentes enfermidades conhecidas no perispírito, que já são produção mental, manifestam-se quando da formação de novo corpo físico. Mesmo o esquecimento, por mais salutar que seja sua atuação, não consegue driblar as grandes deformidades produzidas a partir de matéria mental.

A explicação era esclarecedora; a organização da vida ficava para nós cada vez mais racional, mais lógica. A sapiência de Deus é infinita. Somos ainda aprendizes vacilantes dos segredos da criação, e a matéria densa nos oferece ainda sérias restrições para dilatar essa pouca compreensão entre os encarnados.

Anna retomou à situação de nosso doente ao perguntar:

– Por que haverá de apresentar exatamente esta debilidade quando revestido de um corpo físico?

– A lesão no sistema nervoso produzida mentalmente em seu perispírito ocasionará dificuldades no processo de formação do embrião. Essas debilidades sofrerão a influência do patrimônio genético dos genitores envolvidos. Tal fato não significa estarmos reféns do patrimônio genético, porque foi após detalhado estudo que selecionamos estes dois espíritos encarnados para fornecer as possibilidades que se fazem mais imediatas ao nosso tutelado.

Anna estava curiosa e voltou a indagar:

– Poderia então nascer com outras limitações que não as eleitas?

– Sim, neste caso específico, a lesão que existe no perispírito possibilita isso. Haverá uma dificuldade na formação do feto. Esta debilidade estará vinculada aos caracteres genéticos dos pais, mas nem sempre é assim. Somos nós, enquanto seres reencarnantes, que apresentamos as possibilidades que dispomos para organizar novo envoltório. Haverá a ampla assistência de técnicos da espiritualidade que contarão com o apoio da mãe, que poderá mais amplamente atuar auxiliando a formação do feto.

– Por que, do ponto de vista das necessidades espirituais, optar pela síndrome de Down? – indaguei curioso.

– Nosso amigo conta com inúmeros intercessores, companheiros da espiritualidade, que velam por ele e que muito trabalham para lhe fornecer tal oportunidade. A doença mental, por si só, caracteriza-se por ser uma forma instintiva de fugirmos da realidade que não conseguimos confrontar. Deixamos para trás esmagadores remorsos e cobradores vorazes. Esse ato instintivo nos impede que venhamos a deformar por completo a nossa estrutura biológica perispiritual, permitindo, de certa maneira, evitar confrontos mentais que nos arruinariam as mínimas condições de existência na esfera física. A síndrome de Down não limitará por completo as manifestações conscientes do espírito junto à matéria. Essa parcela de lucidez espiritual possibilitará um contato maior com os espíritos que o seguem de perto.

– Não parece injustiça possibilitar tais relações? – expressei-me, até certo ponto espantado.

– Tendo em vista que a debilidade é sempre conseqüência, e jamais imposição, qualquer idéia de injustiça se desfaz. Nosso necessitado renascerá com extremas debilidades, que se manifestarão desde o nascimento, incluindo graves problemas cardíacos. Situações como estas têm o poder de sensibilizar muito dos perseguidores encarnados, facilitando o perdão libertador das ofensas.

– Salientou que receberá esta oportunidade por intervenção intercessora. Como seria se essa intervenção não existisse? – lembrou Rudolph.

– Estaria nosso companheiro sob o jugo das reencarnações compulsórias. Onde não existe toda esta possibilidade de opções que conhecemos, colhe-se exatamente o plantio, sem os atenuantes que vemos em instituições como a nossa. Certamente sofreria diversos abortos espontâneos até conseguir sustentar mentalmente a organização de um corpo portador de necessidades especiais. Levaria muito mais tempo para encontrar restabelecimento.

O instrutor, como sempre acontecera, sabia antecipadamente de nossa tentativa de retransmitir o possível de nossas reflexões aos companheiros encarnados. Em todas as vezes, atuávamos em enorme cumplicidade, e o nome que remete à transmissão dos textos é somente mais um dos colaboradores. Sabendo disso fiz questão de perguntar:

— Ao tomarem conhecimento do que discutimos, as pessoas não podem acabar concluindo que há injustiça na escolha dos pais que deverão receber um filho em condições especiais?

— Seria assim se estivéssemos destituídos dos informes que acabamos de comentar. Não há injustiça, mesmo entre os homens. O que existe são oportunidades de aprendizado. Nosso amigo nascerá em lar que abraça a causa espírita. A gravidez será de risco, ocorrerão muitas complicações em função da assimilação do reencarnante de toda atmosfera negativa que encontrar, conseqüência de sua consciência em condição autopunitiva. O sistema imunológico, pelos mesmos motivos, funcionará com debilidade. Não houvesse a misericórdia divina que permite que uns auxiliemos aos outros, dificilmente nossas expectativas se cumpririam. Os pais sempre estão de alguma maneira envolvidos nos dramas e alegrias que os envolvem. Por vezes precisam passar por situações como estas; a própria consciência lhes exige que assim seja. Em outras ocasiões, como fora o caso, recebem de bom grado a tarefa. Pais de crianças portadoras de necessidades especiais, quando aceitam deliberadamente o nascimento de seus irmãos na condição momentânea de filhos materiais, fazem-se portadores de muitos méritos. Existe uma comoção sincera por parte daqueles espíritos envolvidos em toda a trama. As dificuldades são inúmeras, é verdade, mas o auxílio é imenso, culminando na extrema gratidão que aquele filho que albergam lhes endereçará para todo e sempre. Não há forma mais bela de se reconciliar com rivais do passado do que os aceitando como filhos do amor, sejam biológicos ou adotivos.

Finalizando a reflexão em questão Rudolph fez uma última indagação:

— Nosso amigo conseguirá recobrar a perfeita lucidez quando retornar à espiritualidade após este processo reencarnatório?

— Isso depende de muitos fatores. É possível, mas dificilmente ocorrerá. Falo por experiência. Em seu caso, a culpa poderá ser minimizada, podendo então se encarar novamente de frente em termos de consciência pessoal. É certo que apresentará ainda profundas marcas em seu psiquismo, será portador de personalidade melodramática e frágil, com forte propensão ao suicídio. Continuará com sentimento de responsabilidade com relação aos diferentes fatos que vierem a colher os seres de sua convivência. A culpa que alimenta é muito forte e custará muito tempo ainda para ser modificada. Como diria Jung, "o eu é um termo que meramente designa a personalidade. A personalidade do homem, como um todo, é indescritível. A sua consciência pode ser descrita, o seu inconsciente não pode ser descrito porque, repito mais uma vez, perdoe-me a redundância, é sempre inconsciente. E como é realmente inconsciente, o homem não o conhece. E assim, desconhecemos nossa personalidade inconsciente." Mesmo observando as causas e as conseqüências que resultam nas situações que viveremos quando encarnados, ainda estamos muito distantes de desvendarmos os segredos divinos guardados em nós mesmos.

6
Viciação Mental

Surgiu a oportunidade para iniciarmos mais profunda reflexão quanto à situação do jovem desencarnado que víramos anteriormente com características bastante singulares em sua organização perispirítica.

Iniciei comentando:

– Fiquei particularmente impressionado com o drama que observei no jovem rapaz que aparentava ter seu corpo espiritual em colapso estrutural.

– Analisei-os enquanto faziam suas observações para que pudesse recolher de minha parte alguns apontamentos úteis para este momento em especial. Realmente a situação deste companheiro é bastante complexa e triste. Infelizmente, posso afirmar ainda que não se trata de caso isolado, acometendo muitos outros espíritos que se deixam levar pelos impulsos mais primitivos do psiquismo.

Quando observavam o caso em questão puderam apreciar como que um "filme mental" a perpassar os pensamentos do interno. Se atentaram para o seu conteúdo, conseguiram perceber que existe uma trama bem urdida envolvendo alguns personagens coligados desde recuadas eras. Esse rapaz tem sistematicamente reencarnado próximo a um mesmo grupo de espíritos, o que é normal para todos nós. Mesmo quando afastados propositadamente atraem-se mutuamente por sintonização, seja enquanto encarnados ou após a desencarnação.

Esses companheiros encontram-se cheios de amor doentio transmudado em ódio, que os faz perseguirem uns aos outros e, apesar do sofrimento que se infligem, não alimentam qualquer desejo de separação. Vinculam-se fixamente na idéia de revidarem os males sofridos uns aos outros.

Percebendo exteriormente, como agora fazemos, parece-nos imaturidade, e realmente o é, do ponto de vista espiritual, mas sabemos bem, por nossas próprias histórias pessoais que, quando envolvidos por sentimentos muito fortes, temos a tendência de cair nesta mesma armadilha. É necessário muito respeito com os dramas alheios, mesmo que atualmente nos pareçam deveras infantis tais desavenças. Cada um reage em comum acordo com o seu entendimento, e jamais podemos impor uma mudança de convicção. O respeito à individualidade de cada necessitado é uma conduta que deve ser abraçada por todo aquele que se dispõe a auxiliar o próximo.

Não nos detendo demasiadamente na história pessoal deste companheiro, repleta de relações de amor e ódio, traição e vingança, como qualquer um de nós, passemos à análise das circunstâncias que encontramos. Acarretada por séculos de monoideaísmo no desejo de vingança, nosso amigo acabou por viciar seus centros nervosos. A conseqüência disso é que os pequenos organismos celulares que compõem sua vestimenta perispiritual não possuem mais um comando equilibrado para se organizarem. O ódio foi tão alimentado ao longo do tempo que a única prioridade existencial de nosso doente é a vingança. E isso tem repercussão imediata sobre si mesmo. Estamos diante de uma desestruturação celular, que somente não é completa porque minoramos os danos ligando nosso amigo ao aparelho que puderam constatar.

Lembrei-me pormenorizadamente do aparelho que percebi, mas infelizmente não pude encontrar analogias para descrevê-lo aos encarnados. Nosso orientador seguiu a preleção.

– Tal aparelho interrompe o impulso ideiforme[1] impedindo a completa viciação das estruturas celulares que constituem o corpo espiritual. Caso este recurso não fosse utilizado estaríamos diante de um ovóide, completamente sem forma humana. Por isso constatamos opacidade e características de enfraquecimento geral analisando mais detidamente o perispírito do enfermo em questão.

– Pode me dar uma idéia geral de como acontece está viciação mental induzindo o espírito a assumir uma condição de completa desestruturação perispiritual? – perguntei.

– No amadurecimento espiritual entre os seres humanos, inicialmente desenvolvemos o pensamento instintivo ou autômato, como prefiram, operando com dados meramente sensoriais. Posteriormente, passamos à forma de pensamento rudimentar, característico, por comparação, das crianças até os primeiros dois anos de idade, fase em que impera um sentimentalismo exacerbado, excessivamente imaginativo. Passamos depois a uma forma de pensamento aparente, em que ainda não conseguimos captar a essência das coisas, por sermos imediatistas e não pensarmos em longo prazo. A próxima etapa de desenvolvimento é a do pensamento egocêntrico, na qual as decisões são centralizadas no EU. Transmutando-nos, avançamos para o pensamento lógico, em que a contradição e a objetividade ganham destaque. O pensamento intuitivo, dotado de maior sensibilidade, é o nosso próximo passo conhecido no desenvolvimento evolutivo comportamental.

Quando por determinada motivação pessoal nos encaminhamos a centralizar nosso comportamento em uma das fases primeiras do desenvolvimento que discorremos, estamos sujeitos a assumir uma postura perniciosa em relação a nós mesmos, caso não mudemos o enquadramento mental. Encontrando a maior

---

[1] *Termo utilizado para designar uma forma-pensamento constituída de matéria mental e que tem origem na criação íntima do espírito.*

plasticidade da matéria espiritual somos levados a colher os reflexos de nossas atitudes e pensamentos. A centralização mental em determinado objetivo inferior faz com que anulemos a nós mesmos, culminando em casos extremos como estes que agora analisamos.

– Por que, se o problema é resultado de sua própria imprevidência, o espírito recebe este auxílio para que não se desorganize por completo? – perguntou Rudolph.

– Neste caso específico, e é assim que devemos analisar, cada caso com suas características, o desencarnado em questão está há muito tempo fora da matéria densa. Seu último desencarne ocorreu há quase cem anos e uma anulação de seu perispírito resultaria em grave atraso no processo de equilíbrio daqueles que com ele se envolveram no passado e desejam sinceramente o progresso pessoal.

– Há então o interesse de terceiros. Não é por motivação de méritos pessoais?

– Sempre há aqueles que movem petições em nosso favor. Estamos ainda distantes de saber amar a todos sem distinção, como os espíritos mais nobres, mas neste caso junta-se a necessidade particular de outras duas personalidades que necessitam conviver com ele para sentirem-se quitados perante a consciência que os acusa. Nosso amigo, por ocasião do enfraquecimento geral, tornou-se mais dócil à nossa interferência, que o está preparando para a reencarnação. Todo este processo que comentamos visa fornecer ao núcleo familiar em que renascerá a chance da convivência íntima. Se não o socorrêssemos, seria impraticável qualquer reencarnação com sucesso, mesmo em longo prazo.

– Disseste que este amigo ficou longo período na espiritualidade sem reencarnar, Ao que se deveu este fato? – questionou Anna.

– É inexato acreditarmos que todos nós reencarnamos com períodos semelhantes de intermitência. O tempo de regresso à matéria varia ao infinito, desde aqueles que retornam em curto espaço de tempo até outros que não precisam retornar sem que se passe pelo menos alguns séculos, especificamente no caso de nosso planeta. Houvera, por parte de nosso albergado, completo desinteresse em se submeter novamente ao esquecimento temporário. Sentia-se satisfeito em gozar da liberdade que a condição de desencarnado lhe propiciava. Tornara-se líder de um grupo de vingadores, e aproveitara-se de sua condição para perseguir e perturbar os desafetos que experimentavam nova reencarnação. Para estes, que sofriam os ataques obsessivos, a oportunidade se fazia única na possibilidade de colocar termo a alguns débitos que os afetavam por intermédio da consciência. O que em nada impedia nosso amigo de continuar se comprometendo. Mas Deus é sábio ao se utilizar do mal para o bem. Normalmente recorremos ao uso da reencarnação compulsória, que é orquestrada por espíritos mais experientes do que nós e que conseguem visualizar a situação geral com maior imparcialidade. Porém, este tipo de reencarnação é mais comum entre espíritos que guardam certo tipo de debilidade quanto à situação em que se encontram, o que não acontecia com este desencarnado particularmente. É correto pensar que um espírito procurando vingança possui maior liberdade de ação na condição de desencarnado do que preso à matéria densa. Mas o envolvimento de terceiros e suas necessidades evolutivas pesaram no sentido de permitir um tempo maior de intermitência entre as reencarnações de nosso necessitado, tudo isso ocorrendo com ampla supervisão espiritual, que se fez extremamente discreta.

Em função de sua vontade inalterável, fora aos poucos transformando seu perispírito. Envolto pelo ódio doentio, culminou no estado de inconsciência relativa em que agora se encontra, desorganizando o funcionamento de sua vestimenta espiritual. Recolhido em sua desdita para fins de auxílio, recebe nosso concurso tendo principalmente em vista a necessidade de convivência com companheiros já encarnados que se farão seus pais nesta nova oportunidade. Infelizmente, a condição em que se encontra nosso amigo não apresenta possibilidade de preparação mais eficaz para melhor aproveitamento da oportunidade reencarnatória. Espíritos conscientes costumam concorrer para seu próprio progresso preparando-se para isso, coisa impraticável na condição de companheiros neste estado de debilidade.

– Qual será a condição deste espírito na modelagem de nova vestimenta corporal? – atalhou Rudolph.

– Caso não estivesse recebendo nossa ajuda, dificilmente conseguiria organizar-se e se depararia com obstáculos íntimos intransponíveis já no primeiro mês de gestação. A falta de equilíbrio estrutural do modelo organizador biológico impediria a construção das bases nervosas para a regência da formação fetal intra-uterina. Impossível essa construção ser eficaz sem o concurso de um perispírito orquestrando-a. A inexistência de um espírito junto à formação fetal incapacita a formulação de corpo eficiente para a manutenção da vida orgânica. É impossível que o automatismo materno sustente uma gravidez que venha a gerar um corpo em condições normais de uso por parte de um espírito. É somente a conjunção de diversos fatores, como o automatismo materno, a mentalização paterna, o auxílio de técnicos espirituais e principalmente à parte do envolvido, o espírito que busca reencarnar que consegue lentamente, após diversas oportunidades, completar um corpo em condições normais de desenvolvimento em casos extremos como este.

Nosso amigo, devido ao amplo auxílio que recebe, conseguirá a muito custo modelar um novo veículo corporal que apresentará as características comuns aos portadores da síndrome de Algelman. Isso dependendo do livre arbítrio dos envolvidos, que tendem em casos como estes a considerar a possibilidade do aborto.

– Por que a escolha destas características específicas? – indaguei.

– Precisamos compreender que nossas possibilidades são limitadas não por escolhas, mas por conseqüências, as conseqüências dos atos praticados pelo espírito que precisa reencarnar. Não há punição alguma. Existem, sim, condições que não podem ser desconsideradas e que foram consciente ou inconscientemente ocasionadas pelas personalidades envolvidas. Encontramos entre os pais a falha genética que fará com que durante o processo de formação fetal o corpo físico assuma as características inerentes ao perispírito que o modela. Apresentará retardo mental grave, sintomatologia autística, ausência da fala, epilepsia, retardo psicomotor, entre outras complicações. Esse comprometimento está adequado às possibilidades que apresenta nosso amigo. Somente conseguiremos atingir esse nível de desenvolvimento com muitas dificuldades e a gravidez será extremamente complicada.

– Aproveitando a oportunidade gostaria de ouvir seu comentário com relação à questão 356[2] de *O Livro dos Espíritos*, que tem dado margem a interpretações equivocadas por parte dos espíritas – indagou Rudolph.

– Essa questão aborda um tema que não pode ser pensado sem o auxílio da biologia e da medicina contemporânea. Se nos apegarmos às questões de ordem científica da doutrina dos espíritos, de maneira radical e ortodoxa, correremos sério risco de cair em equívocos. Como enfatizava o codificador, é preciso que se desenvolvam tais assertivas paralelamente com o desenvolvimento do conhecimento humano.

---

[2] *O Livro dos Espíritos*, de Allan Kardec, questão 356: *Entre os natimortos alguns haverá que não tenham sido destinados à encarnação de Espíritos?*
R: *"Alguns há, efetivamente, a cujos corpos nunca nenhum Espírito esteve destinado. Nada tinha que se efetuar para eles. Tais crianças então só vêm por seus pais".*
356 a) *Pode chegar a termo de nascimento um ser dessa natureza?*
R: *"Algumas vezes; mas não vive".*
356 b) *Segue-se daí que toda criança que vive após o nascimento tem forçosamente encarnando em si um Espírito?*
R: *"Que seria ela, se assim não acontecesse? Não seria um ser humano".*

– Acontece que os estudiosos espíritas têm levado as interpretações ao pé da letra, o que fecha radicalmente as portas ao entendimento sensato. Argumentam que os espíritos superiores possuíam conhecimentos muito maiores que os nossos com relação às afirmativas que ditaram para a composição da doutrina – Anna interferiu.

– A preocupação de vocês é precisa. Eu mesmo já me deparei com argumentações como estas. Infelizmente, meus amigos, as viciações humanas são comuns a todos nós, e tendemos à fé endurecida que deixa de lado o raciocínio maleável e emprega a imposição. E isso acontece igualmente no movimento espírita. Allan Kardec iniciara a ciência espírita através de observações e conclusões objetivas e lógicas, e como todo bom pesquisador, apoiava-se no raciocínio aberto a novas possibilidades de entendimento. Portanto, não se trata de os espíritos terem ou não conhecimento elevado para ditar as informações, mas de como estaríamos nós, enquanto encarnados, preparados para receber tais esclarecimentos. Sabemos que a mediunidade não independe do médium, que participa ativamente do fenômeno. Desta forma fica óbvio concluirmos que as respostas dadas à época precisavam estar adequadas aos recursos de que dispunham os espíritos para a tarefa e também ao senso de entendimento dos encarnados. Se hoje, com todos os avanços da ciência, tais enunciados encontram obstáculos intransigentes, como teria sido a aceitação no passado?

Aliando a revelação espírita ao desenvolvimento científico, sabemos atualmente ser impossível a formação de um feto em condições normais sem a presença do espírito a gerenciar o desenvolvimento intra-uterino. O oócito, antes mesmo de sensibilizado pelo contato com o espermatozóide, já traz em si a orientação genética para a modelação de um novo corpo. A inexistência de um espírito gerenciando a modelagem fetal somente conseguiria gerar um feto teratológico, sem características humanas. Havia confusão na definição do que seria feto e natimorto na época em que as respostas de *O Livro dos Espíritos* foram elaboradas. Em se chegando a termo o nascimento de um natimorto, em condições relativamente normais de aparência física, concluiríamos que por algum motivo específico o espírito que modelou aquele corpo não conseguiu levar a termo sua conclusão, desencarnando antes do nascimento. Precisamos compreender que o sistema nervoso, e principalmente o encéfalo, são o arcabouço do espírito reencarnado. Qualquer lesão na formação fetal tem origem em distúrbios provenientes da intimidade do espírito. Se não há espírito não haverá formação de um ser humano. Afirmar algo contrário a isso é possibilitar que companheiros espíritas continuem a afirmar que se pode praticar o aborto em casos de anencefalia, já que em suas convicções, poderia existir um feto bem formado e sem espírito a lhe presidir a estruturação biológica.

Dando novo rumo a conversação acrescentou:

– Todo companheiro que se dispõe à tarefa de esclarecimento através dos livros precisa ter em mente que não há verdade estabelecida. Sempre afirmara Allan Kardec que a Doutrina Espírita, por seu caráter científico-filosófico, estaria aberta ao entendimento. Toda informação que nos chega é fruto de trabalho, mas que jamais deixa de ser a representação do entendimento de alguém, seja este alguém mais ou menos esclarecido.

Estamos em constante aprendizado; devemos estar em posição flexível de aceitação de novos entendimentos. Somos sabedores de que a proposta cristã é a fraternidade e o esclarecimento. Todos que fizerem uso desse esclarecimento disseminando a discórdia estarão agindo contrariamente às lições de Jesus. Esclarecimento para compreender o mundo e a nós mesmos e muito amor para conviver com essas descobertas é a maior lição que devemos vivenciar.

Estava concluída nossa observação nas enfermarias. A partir de agora sairíamos para aprender em serviços auxiliares. Retiramo-nos comentando esperançosamente que com as muitas informações espirituais que atualmente chegam aos encarnados, as situações tristes como as que observamos tendem a diminuir gradualmente pela conscientização oportuna.

7
Em Atividade Socorrista

Iniciaríamos as observações em serviço junto a um pequeno centro espírita na crosta terrestre. Em sua função de posto avançado de esclarecimento e auxílio, ele nos ofertaria largo campo de observações.

Volitamos para o local. Cada grupo de aprendizes estava destinado a atuar em uma região específica. Desta forma engrossaríamos as fileiras daqueles que procuravam servir às diretrizes do Evangelho. Sempre nos é possível ser úteis; há sempre trabalho para quem está disposto a servir ao próximo.

Aterrissamos em pequeno pátio, que era sustentado pela ação mental dos desencarnados e funcionava como a entrada de um pronto socorro. Ali davam entrada as equipes socorristas e dali saíam também os veículos transportando os socorridos que não podiam se locomover sozinho. Apesar da simplicidade do centro espírita em sua construção material, apresentava imensa movimentação neste terminal de passagem de desencarnados.

Castro deixou-nos a sós por alguns instantes indo buscar o companheiro que nos assistiria durante nossa estada. Aproveitamos para observar a intensa movimentação que era comum junto aos núcleos espiritistas da crosta. Funcionam eles como um centro de triagem, onde se auxiliam os mais necessitados e faz-se o encaminhamento para departamentos específicos conforme as possibilidades e necessidades de cada um dos envolvidos.

Em poucos instantes um simpático senhor negro, alto e de simpática aparência regressava junto de nosso instrutor.

– Este é Atanásio. Será nosso principal contato enquanto estivermos realizando nossas observações junto à crosta. É o administrador desencarnado dos trabalhos de socorro neste núcleo espírita – informou-nos Castro.

Todos nós nos apresentamos e fomos cumprimentados por este senhor de sorriso fácil.

– Como podem observar, estamos em plena atividade. As tarefas são inúmeras, há muito que fazer. Solicitei ao instrutor que nos auxiliassem recebendo um pequeno grupo de desencarnados que aguardamos para breves minutos. O auxílio de vocês seria oportuno e de grande valia se aceitassem a incumbência.

Atanásio fazia um convite que não recusaríamos. Estávamos acostumados ao serviço de auxílio. Não sabíamos ainda do que se tratava, mas tínhamos certeza de que poderíamos aprender muito em sendo útil. Sorrindo, anuímos sem hesitar.

– Deixo-os então em atividade e mais tarde nos reencontraremos para diálogo oportuno. Nosso amigo Castro está bem informado das atividades. Deixo-os em boas mãos.

Atanásio despediu-se e seguiu apressado para suas tarefas. Castro, sem perda de tempo, comunicou-nos:

– Amigos, devemos nos dirigir à enfermaria, onde lidaremos com companheiros envolvidos em complexa malha de viciações mentais.

Seguimos nosso instrutor ao interior da construção material na qual nos deparamos com as adjacências de pequeno ambulatório erguido em nosso plano de movimentação. Espaço reduzido, idealizado para pequenos procedimentos, abrigava alguns leitos onde atuavam dois enfermeiros auxiliando alguns necessitados.

Sem muito tempo para conversações, cumprimentamo-nos rapidamente e ambos os trabalhadores se colocaram a nossa disposição no que fosse necessário. Nosso orientador, aproveitando os minutos que ainda nos restavam, agradeceu aos enfermeiros e forneceu-nos alguma orientação.

– Há ainda alguns minutos. Julgo necessários alguns apontamentos. Estamos para receber três desencarnados que foram resgatados em região inóspita, vítimas da atuação hipnótica obsessiva e obviamente de suas próprias condutas. Isso deve fazer com que aqueles que os seviciavam procurem este agrupamento para reclamar suas presas. Neste contato, porém, não nos cabe atuação direta. Teremos a oportunidade de acompanhar o desenvolvimento da situação. Nossa tarefa é lidar com estes necessitados, vítimas de tristes deformações perispiríticas, conhecida do vocabulário espírita sob a denominação de licantropia. Estaremos responsáveis pela avaliação e encaminhamento dos necessitados aos devidos locais de auxílio. Verificaremos se em algum deles existe lucidez para a efetivação de contato mediúnico que servirá para auxiliar nas atividades de esclarecimento de seus algozes que nos visitarão à noite.

Nosso orientador possuía fisionomia séria, mas em atividades como esta ele se concentrava efetivamente no trabalho. Estava acostumado a dirigir atividades complexas de socorro, sempre atento aos imprevistos.

Não havia mais tempo para conversações. Seis padioleiros chegavam apressadamente às nossas acomodações. Dispondo os três desencarnados em condições em que eu, Anna e Rudolph pudéssemos atuar, logo deixavam o local para colaborar em outras atividades. Um socorrista de aparência jovem ficara junto de nosso orientador fornecendo alguns esclarecimentos sobre as condições do resgate dos necessitados. Seu nome era Sérgio e estaria a nossa disposição para qualquer informação de que necessitássemos.

Apesar da ampla movimentação externa por parte dos desencarnados, no plano físico tudo permanecia tranqüilo. Soubemos que as atividades dos encarnados somente ocorreriam dali a quinze horas aproximadamente.

* * *

Os leitos alvos recebiam agora três espíritos em tão lastimáveis condições, que se não estivessem sob ação de magnetismo anestésico estariam exteriorizando toda a dor e sofrimento que carregavam em suas máscaras fisionômicas. Os seres humanos, por não compreenderem ainda que a vida seja um processo contínuo, onde se atua como co-criadores do que somos, adiam sua transformação moral para mais adiante e prorrogam indefinidamente a renovação necessária à progressão espiritual. O egoísmo consome a conduta humana fazendo com que precisemos mergulhar no torvelinho íntimo da dor para que consigamos despertar, ainda que fragmentariamente, para a realidade de que somos participantes.

Se pudéssemos fazer idéia das condições que apresentamos verdadeiramente na esfera íntima, certamente nos empenharíamos mais na necessária mudança interna. Facilmente apontamos o dedo recriminatório na direção alheia devido à falta de precisão no olhar que aplicamos sobre a própria conduta. Deixamos caído no lodo de nossas imperfeições o espelho que, se erguido e posto em uso, refletiria a realidade do que somos. Precisamos ser abruptamente chocados para acordar da ilusão em que nos insulamos. Eis que nos surge a dor, conseqüência de nossos atos, para nos provocar a mudança que, acomodados, protelamos em nos empenhar a realizar.

Este também era o drama com o qual nos deparávamos mais uma vez. Tínhamos diante de nós espíritos deformados em seus sentimentos, que exteriorizavam pela plasticidade do perispírito tudo aquilo que na matéria densa conseguiram represar aos olhos do mundo.

Desdobramo-nos no socorro aos recém chegados, mas pouco podia ser feito. A mentalidade adaptada à condição animalesca produzida pelo fenômeno da licantropia estava estampada naqueles rostos. Observamos, nestes casos, a comum falta de continuidade dos impulsos mentais que dirigiam o complexo mundo orgânico e que deveriam garantir a manutenção do corpo espiritual.

Enquanto realizava procedimento em que me valia do magnetismo para minimizar as sofridas condições do enfermo em que me detinha, o enfermeiro Sérgio pôs-se ao meu lado colaborando. Efetivamos uma ligeira descondensação da matéria mental que era fortemente exteriorizada pelo doente e que alimentava as características da atmosfera espiritual atuando diretamente sobre as estruturas de seu perispírito.

Em verdade, somente poderíamos fornecer pálido alívio ao necessitado visando realizar seu encaminhamento à outra instituição que apresentasse maiores recursos terapêuticos. Concluindo nossa intervenção imediata, os três desencarnados haviam recebido os primeiros atendimentos e deveriam aguardar seu remanejamento. Castro havia se retirado para planejar a tarefa de orientação mediúnica que se desenhava para a próxima noite. Enquanto isso nós estávamos, os quatro, responsabilizados de atender a eventuais ocorrências junto aos companheiros que tutelávamos.

Eu, Anna e Rudolph aproveitamos a oportunidade para colher alguns esclarecimentos com o enfermeiro, que por sua vez se manifestara contente em poder nos auxiliar com informações oportunas.

– Onde foram encontrados estes irmãos dementados pela ação hipnótica, característica dos fenômenos de licantropia? – Anna iniciou as perguntas que fervilhavam em nossos pensamentos.

– Nós os recolhemos em sítio próximo, onde habitualmente socorremos companheiros que apresentam condições para serem auxiliados. Um destes permanecia inconsciente e dificilmente alcançará recuperação sem que seja encaminhado a novo processo reencarnatório. Os outros dois, em completa confusão mental, comportavam-se exteriorizando a mentalização animalizada de que são autores e vítimas.

– Tem informações de como ocorreu a bestialização das formas humanas no perispírito deles? – perguntou Rudolph.

– Foram mais uma vez vítimas de si mesmos. Enquadram-se entre os casos típicos da licantropia que encontramos todos os dias em atividades de socorro. Foram eles alvo de fenômeno hipnótico onde viciaram suas ondas mentais exteriorizando seu próprio suplício. Desencarnados, conhecedores do magnetismo dão margem a suas vinganças conduzindo as mentes invigilantes e diláceradas pelo remorso a provocarem e sustentarem a autoflagelação. O remorso é processo comum a todos os que sofrem. Por conta da culpa que sentem deixam-se entregar sem qualquer resistência às aflições em que são colhidos. É desta forma que os magnetizadores têm acesso ao campo mental de suas presas.

– Em função disto é que fez questão de dizer que são vítimas de si mesmos? – indaguei por minha vez.

– Nossa conduta sempre terá reflexos, sejam eles externos ou internos. "Milhões de pessoas depois da morte, encontram perigosos inimigos no medo e na vergonha de si mesmas. O registro de nossa vida opera-se em duas fases distintas, perseverando no exterior, através dos efeitos de nossa atuação em criaturas, situações e coisas, e persistindo em nós mesmos, nos arquivos da própria consciência. O remorso é uma bênção, sem dúvida, por levar-nos a corrigenda, mas também é uma brecha, através da qual o credor se insinua, cobrando pagamento".[1] Mas de forma alguma isso dá o direito à prática do mal por parte dos algozes, que em se consorciando com seu comportamento inferior cairão também um dia sob o peso da culpabilidade, atraindo inconscientemente o sofrimento que agirá como válvula de escape para consciência maculada. "É preciso que haja escândalos no mundo, disse Jesus, porque os homens sendo imperfeitos sobre a Terra, são inclinados a fazerem o mal, e as más árvores dão maus frutos. É preciso, pois, entender por estas palavras que o mal é uma conseqüência

---

[1] *Sérgio citara trecho da obra "Libertação", ditada a Francisco C. Xavier pelo espírito André Luiz.*

da imperfeição dos homens, e não que haja para eles obrigação em praticá-lo."[2]

..*

Castro retornara e, aproximando-se de nós, informou-nos da possibilidade de dispormos de alguns minutos mais de conversação construtiva enquanto estavam sendo efetivados os últimos preparativos para o encaminhamento de nossos enfermos.

– Dialogávamos com relação às condições dos espíritos que se deixam cair na loucura – falou Sérgio, colocando nosso orientador a par do que conversávamos.

– Gostaria de ouvir a sua opinião sobre a questão – solicitei dirigindo-me ao nosso tutor.

– "Excetuados os casos puramente orgânicos, o louco é alguém que procurou forçar a libertação do aprendizado terrestre, por indisciplina ou ignorância. Temos neste domínio um gênero de suicídio habilmente dissimulado, a auto-eliminação da harmonia mental, pela inconformação da alma nos quadros de luta que a existência humana apresenta"[3], e que tem origem em nossa própria conduta.

– Essa resposta complementa o que Sérgio nos disse a pouco: que estes necessitados que auxiliamos são vítimas de si mesmo – emendou Anna.

– As inadequações com a vida que construímos para nós mesmos inspiram muitos companheiros desavisados de nossa eternidade a uma falsa possibilidade de fuga fácil das dificuldades. É comum que não queiramos optar conscientemente pelo ato suicida, mas nem por isso deixamos de praticá-lo de outras formas. Quantas vezes nos lançamos na irresponsabilidade para extravasar-

---
[2] "O Evangelho Segundo o Espiritismo", cap. VIII.
[3] Trecho da obra "No Mundo Maior", ditada a Francisco C. Xavier pelo espírito André Luiz.

mos nossa rebeldia com relação à vida que vivemos? Deixamo-nos largados às intempéries, procurando inconscientemente doenças diversas através do sexo desregrado, do uso de diferentes drogas permitidas ou não pela legislação de cada nação. O complexo de culpa tem raízes profundas em cada um de nós. Quando chega nossa colheita incômoda, produto de nossas escolhas pretéritas, optamos pela rebeldia, não aceitando o fruto amargo que cultivamos. Como verdadeiros adolescentes espirituais, em nossa falta de maturidade para a vida infligimos punições a nós mesmos, crendo poder ferir as leis naturais. Isso é característico de quem ainda pensa que pode fazer chantagem com a vida. De queda em queda nos auto-infligindo sofrimentos caminhamos sem rumo até o dia em que conseguimos compreender que somos vítimas de nossas próprias atitudes. Passamos, a partir de então, a buscar a liberdade através do trabalho difícil e incessante – concluiu Castro.

– Com os erros o sentimento de culpa, e a partir dela o sofrimento libertador – finalizou resumindo Rudolph.

Paraíso e inferno são estados íntimos da individualidade. Ao aportarmos neste mundo que nos espera repleto de oportunidade de esclarecimento, nós, espíritos desencarnados, trazemos tudo aquilo que fomos e que muitas vezes conseguimos dissimular enquanto estávamos revestidos da matéria densa. Não há juízes senão nossa própria consciência que, por mais endurecida que se apresente, cede pouco a pouco ao contato com a luz do amor. Quando esta porta se abre, está erguido o purgatório em nós.

É nesse constante despertar que aprendemos lentamente a encontrar a harmonia, sanando nossas chagas ulceradas pela própria ignorância. Mal que age na condição de medicamento objetivando nossa melhora.

Assim segue ocorrendo, e diante de nós estavam este três irmãos nossos que procuravam agora inconscientemente o remédio amargo que os aliviaria de suas dores.

8
Bendita Ferramenta Mediúnica

Segui pensando, refletindo sobre aquilo que acabáramos de conversar.

Lembro-me de que quando encarnado aprendi que era a partir do desenvolvimento do juízo que nasce o pensamento lógico. Que este pensamento lógico consistiria em nossa capacidade de selecionar, integrar e orientar esses juízos mentalmente, com o objetivo de alcançar uma conclusão, possibilitando uma atitude racionalmente oportuna para o momento. A partir disso podemos dizer que o raciocínio não se caracteriza por ser verdadeiro ou falso, mas por estar logicamente correto ou incorreto. Na psicopatologia, para ser sadio o pensamento deve ser lógico.

Portanto, os hábitos que costumeiramente apontamos como sendo excêntricos nos outros, dando margem a preconceitos sociais, ou a denominação pejorativa de loucura, pode ser entendida como o uso de um entendimento lógico diferente dos padrões impostos pela comunidade onde vivemos. Que linha tênue demarca essa fronteira! Como acabamos sendo injustos em nossos julgamentos sobre a conduta alheia! Por essa mesma linha de raciocínio poderíamos concluir que sendo lógica a existência da espiritualidade, então, todos que nisso não acreditam são doentes, apresentam uma psicopatologia. Se nos apegássemos a tais conceitos, todos seríamos considerados loucos, quando na verdade somente somos ignorantes com relação à Vida. Precisei deixar a filosofia de lado para voltar a esse mundo real e impressionante onde me encontrava. Afinal, ainda existem muitas coisas para relatar.

Apressados enfermeiros despertaram-me das cogitações. Onde há necessitados em busca de auxílio não há tempo a perder com questões íntimas. A equipe de enfermeiros preparava nossos enfermos para o devido deslocamento. Dois deles seriam encaminhados para uma instituição socorrista com melhores condições de auxílio, onde se estudaria detidamente caso a caso objetivando socorro eficiente. O terceiro doente, que apresentava condições menos grave de desequilíbrio, seria preparado devidamente para emergencial intercâmbio mediúnico.

O choque fluídico provocado pelo contato com o trabalhador encarnado tem o poder de auxiliar no despertar das faculdades intelectuais do espírito desencarnado, quando o mesmo encontrar-se muito apegado às sensações materiais. Este auxílio teria efeito passageiro em função da complicada situação do espírito, mesmo assim, produziria recursos auxiliares que poderiam ser novamente mobilizados no decorrer do tratamento. Porém, a principal proposta desta operação medianímica estava focada na possibilidade de dialogar com aqueles espíritos que sabíamos dirigirem-se até nós para reclamar suas vítimas.

Atividades magnéticas precediam o deslocamento deste companheiro enfermo, que a partir de agora chamaremos de Daniel para facilitar o entendimento. Conforme nosso orientador explicara, estes procedimentos magnéticos que observávamos tinham o objetivo de minimizar os efeitos da indução anestésica que senhoreava as faculdades do espírito, pensando-se em facilitar o posterior contato mediúnico. Ao mesmo tempo, novas providências eram tomadas para que o contato mediúnico não fosse nocivo ao encarnado que faria às vezes de locutor do enfermo. Pensava-se em minorar todas as dificuldades possíveis.

Efetivados estes procedimentos, que acompanhávamos atentos, preparamo-nos para transportar Daniel até a residência do trabalhador encarnado que havia previamente concordado em fornecer recursos ectoplásmicos pessoais para a comunicação mediúnica. Ao ausentar-se, Castro fora, juntamente com outros colaboradores espirituais, conversar com o provável medianeiro, confirmando sua boa vontade em servir de aparelho eficiente na comunicação entre as dimensões.

Deslocamo-nos em pequeno agrupamento até a humilde residência do companheiro encarnado, que há essas horas deveria ainda estar dormindo. O dia aproximava-se do amanhecer. Precisávamos ser objetivos, pois o contato do médium, agora em desprendimento corporal em função do sono, com o espírito que deveria se comunicar, seria proveitoso para o desenvolvimento de todas as atividades posteriores. Esta relação entre o espírito daquele que será o veículo de manifestação com aquele quer se comunicar é habitual e se dá costumeiramente quando do descanso físico do médium. Se o contato houver sido harmoniosamente planejado anteriormente, a atividade no centro espírita facilita a comunicabilidade da psicofonia.

A residência do tarefeiro assemelhava-se a pequeno agrupamento de socorro. Havia intensa movimentação. Alguns espíritos vigilantes fiscalizavam as cercanias da construção em plano material. A presença de desencarnados, perseguidos por vingadores e irmãozinhos em estado de ignorância, é comum junto a esses lares, o que faz com que os cuidados devam ser redobrados. Não há nada de extraordinário nesta constatação, já que seria ingenuidade de nossa parte supor que o fenômeno mediúnico estivesse restrito a um reduzido período de tempo previamente determinado no centro espírita.

A segurança era eficiente; a seriedade e o comprometimento do médium em sua tarefa o condicionavam à maior proteção. Não há favorecimentos: quem se doa mais tem possibilidades maiores de trabalho construtivo o qual, por sua vez, induz a uma presença superior de espíritos de boas intenções, o que naturalmente afasta qualquer companhia perniciosa. Somente ingressariam neste lar aqueles a quem livremente o encarnado houvesse convidado, seja por predileção ou por invigilância.

A presença de desencarnados junto aos lares terrenos é fenômeno corriqueiro. O número de habitantes da espiritualidade ultrapassa em muito o de encarnados; sua presença entre nós é constante. Somos nós que, através de nossa conduta mental, selecionamos os freqüentadores de nossas residências.

O encaminhamento prévio dos possíveis comunicantes, e mesmo de espíritos que somente precisavam de um contato mais próximo com a matéria para tratamento, ocorria com naturalidade no lar que visitávamos. O entrosamento fluídico para efetivar posterior comunicação recebia concurso valoroso de muitos colaboradores espirituais que atuavam no núcleo espírita ao qual o médium se filiava.

Soubemos que alguns desencarnados passavam diversas semanas junto ao trabalhador encarnado, sob supervisão espiritual constante, se os envolvidos necessitassem de tais procedimentos. Acompanhavam o dia-a-dia, a conduta, a prática das lições aprendidas com as noções evangélicas, sondavam pensamentos e verificavam a veracidade íntima das palavras que costumeiramente ouviam nas atividades doutrinárias. Outros desencarnados buscavam neste contato material o estímulo fortalecedor para abraçarem novos compromissos reencarnatórios. Espíritos que renascerão com tarefas específicas situadas no campo da mediunidade normalmente buscam reforçar suas convicções junto aos que já exercem essas atividades enquanto encarnados. Perante este quadro a tarefa do médium se ampliava em responsabilidade e comprometimento.

Corriqueiramente desembarcamos na espiritualidade justificando nossos equívocos em função das imensas dificuldades que possuíamos. Ao contato com a humildade vivenciada por encarnados em condição muito mais trabalhosa do a que argumentávamos em favor próprio, nossas desculpas sucumbem. A fé viva de espíritos encarnados que esquecem suas próprias dores para estender a mão no socorro ao sofrimento alheio faz brotar sentimento novo na intimidade de quem os presencia. As escusas perdem sentido e, envergonhados, admitimos os erros encontrando forças para melhorar pelo exemplo alheio. Receptivos ao auxílio, os espíritos se dispõem mais facilmente a receber o socorro oferecido, vindo um dia a também estenderem suas mãos no auxilio ao próximo.

* * *

Portanto, não nos foi surpresa encontrar tanta atividade em uma simples residência onde morava mais um espírito dedicado a colocar em prática o lema "amai-vos uns aos outros".

Educadamente batemos na porta. Não que nos fosse colocado algum empecilho à entrada, mas aquele lar merecia nosso respeito. Rapidamente fomos atendidos.

– Olá. Entrem, entrem – disse-nos um senhor negro que viera nos receber. Trajando calças de linho e camisa branca, pés descalços, tirou o chapéu rústico que usava e indicou-nos um sofá onde dormia o médium, dizendo: – Seu Castro, ajeitamos tudinho como o senhor pediu.

Aquele espírito simples que nos recebia era mais um dos necessitados de outrora, auxiliado com o concurso do próprio médium, e que agora se dispunha a aprender sendo útil.

– Ele continua dormindo. Já está quase na hora de levantar, o despertador tocará em trinta minutos – concluiu o espírito que nos recebia.

Observando atentamente Juari, o médium que dormia, pude

perceber que tênue filamento ectoplásmico estendia-se a outro cômodo da casa. Benedito, o trabalhador que nos recebera, informou-nos que o espírito semi-liberto do médium encontrava-se junto ao seu tutor conversando com alguns desencarnados que deveriam estar presentes na próxima noite de atividades no centro espírita. Muitos dos desencarnados não apresentam efetivas possibilidades de consciência da situação em que se vêem envolvidos, mas há muitos outros que aproveitam substancialmente os esclarecimentos oferecidos. A tarefa mediúnica posterior para muitos será a confirmação do que começam a compreender nestes diálogos esclarecedores.

Dois enfermeiros que nos acompanhavam reiniciaram procedimentos magnéticos em Daniel, que em questão de minutos, apresentava lampejos de lucidez. Não seria possível o seu despertamento completo em função de sua condição agravada pela licantropia. O contato com o médium iniciaria desde já, porém, atenderia a expediente particular, pois um contato muito extenso entre os envolvidos acarretaria excessivas dificuldades ao encarnado.

Benedito vigiava atentamente o veículo físico de Juari, operando passes quando se fazia necessário reforçar o equilíbrio na produção do fluido nervoso que mantinha o médium consciente em seu estado de desprendimento.

Daniel, com pouquíssima lucidez, fora aproximado do médium, que neste momento atuava despido de suas vestes físicas. Castro tomara o mesmo rumo, fazendo menção para que nós o seguíssemos. Eu observava a tudo com muita atenção.

Ao adentrarmos na cozinha da casa, a peça mais ampla da residência, observei que três desencarnados auxiliavam a outros cinco necessitados de orientação. Juari, o médium semi-liberto do corpo, recebera com largo sorriso o novo companheiro que chegava trazido por nosso agrupamento.

Estando o encarnado envolvido em fluidos materiais, apresentava-se em melhores condições para dialogar com desencarnados ainda muito apegados a valores transitórios.

Em pequena assembléia, juntavam-se todos em torno da mesa da cozinha. Juari lia o Evangelho, destacando algumas passagens específicas, que eram selecionadas pela ação intuitiva do dirigente espiritual da atividade. João Pedro encarregava-se da orientação do médium, sutilmente inspirando toda a ação do medianeiro.

A atividade era curiosa; deixaria muitos descrentes confusos. A falsa idéia de que a mediunidade se restringe ao centro espírita ruía completamente. A intensa movimentação de desencarnados contrastava enormemente com a tranqüilidade na esfera física.

Desencarnados, em diferentes condições, aproveitavam o espaço cedido para solicitar amplos esclarecimentos com relação à situação em que se encontravam. Caracterizavam-se por um denominador comum: a freqüente falta de preparo para a desencarnação.

A simplicidade da reunião, somada à abertura ofertada aos participantes em condições de dialogar, suavemente induzia os participantes a refletir sobre a situação que vivenciavam. Buscavam na memória os equívocos cometidos comparando-os com a mensagem cristã que os chamava à reflexão íntima. João Pedro, divisando o interior dos participantes, conduzia a palavra de Juari para que encontrasse ressonância com os anseios dos necessitados. A atividade ocorria com grande eficiência.

Neste estado ambiente, alguns desencarnados acabavam extravasando seus medos, suas culpas, servindo de exemplo para os outros que recolhiam seus testemunhos. As palavras de estímulo logo se faziam ouvir, e uma nova esperança timidamente brotava nas almas ali presentes.

Em breves minutos o despertador acordaria nosso tarefeiro encarnado. As obrigações nobres de mais um dia de trabalho o esperavam. Com isso, todos os necessitados que se encontravam conosco foram encaminhados às dependências do agrupamento espírita. Nesta tarefa específica, vimos se aproximarem contingente de desencarnados ainda muito vinculados à condição material, que colocavam em prática as lições aprendidas. Eram trabalhadores novos, que atendidos e em plena recuperação, eram aproveitados no serviço de auxílio ao próximo. A característica vibratória os aproximava, facilitando a comunicação e permitindo a observação de diferentes possibilidades para o decorrer de suas existências. Era o espelho onde os necessitados de hoje conseguiam vislumbrar nova possibilidade para seu futuro através dos necessitados de ontem.

À exceção de Daniel, que requisitava serviços complexos, todos os demais desencarnados foram deslocados para o centro espírita. O companheiro encarnado retomando sua vestimenta retornava ao mundo corporal, dando continuidade à sua programação reencarnatória.

Nosso grupo permaneceu junto ao lar do médium. Aguardávamos a possibilidade de entreter conversação junto ao orientador desencarnado, João Pedro. Enquanto aguardávamos essa possibilidade, vimos Benedito sair acompanhando Juari ao trabalho diário que, em função das atividades intensas no campo da mediunidade programadas para a noitinha, receberia amplo auxílio do mundo espiritual.

* * *

Finalizando as atividades mais imediatas, João Pedro dirigiu-se até nós. Castro permanecia em atividade junto de Daniel e de alguns enfermeiros do núcleo espírita.

– Olá, nobre amigo – falou Rudolph iniciando a aproximação.

– Olá. Estou informado das suas atividades. Castro me falou do programa que desenvolvem. Fico feliz se puder ser útil em algo. É sempre bom servir a quem necessita.

— Ainda há pouco presenciamos maravilhoso esforço na orientação de irmãos nossos carentes de maior esclarecimento. Entristece-me saber que tão poucos encarnados têm conhecimento dessas intensas atividades – introduziu Anna.

— Infelizmente ainda são poucas as pessoas que deixam de se preocupar com elas mesmas despertando para as possibilidades que todos possuímos de estender a mão no auxílio daqueles que nos cercam. Quando encarnados, nós nos condicionamos a justificar tudo pela falta de tempo, de dinheiro, e outras fugas mais. Estar disposto a auxiliar quem precisa não necessita de condição material. Uma palavra amiga, um gesto de educação, um sorriso a quem sofre, um ouvido disposto a ouvir sem julgar, não depende de condição material alguma. O que dizer de uma humilde prece que tanto benefício traz a quem precisa de auxílio? O egoísmo ainda é tão intenso em nossas atitudes que esquecemos de refletir nos benefícios que um gesto amigo reverteria a nosso próprio favor, no nosso esclarecimento, no cultivo de amizades edificantes. Já dizia o filósofo norte-americano Émerson: "Uma das mais belas compensações desta vida é que nenhum ser humano pode sinceramente ajudar o outro sem que esteja ajudando a si mesmo.".

— A atividade que observamos ainda há pouco é procedimento habitual? A participação do médium encarnado é freqüente? – questionou nosso amigo de traços germânicos.

— Sempre que possível, quando as condições favoreçam, assim preferimos proceder. O contato com o agente encarnado fornece possibilidade maior de interação com os necessitados. A vinculação direta com a matéria faz do medianeiro acesso mais objetivo na comunicação com os desencarnados. Após atividades como as que realizamos ainda agora, os companheiros que nos ouviram dispõem-se muito mais facilmente a posterior encaminhamento. Poucos que aproveitam possibilidades como essas necessitam de contato com o médium em atividades de intercâmbio. Ouvir a conversação, acompanhar o dia-a-dia do agente encarnado, na grande maioria das vezes tem eficácia na transformação íntima do necessitado.

Se necessário algo mais, em muitos espíritos, a simples observação e o envolvimento fluídico que vigoram nas atividades mediúnicas fazem o resto do serviço, agindo como a propulsão no desejo de se modificar sem a necessidade da manifestação. Nossas atividades visam à alteração dos padrões mentais dos desencarnados. Quando isso ocorre conseguimos nos aproximar deles em melhores condições de auxílio, tornando-se possível uma ação de maior envolvimento emocional que fale alto ao coração em suas particularidades.

– Como é esta atividade durante o sono do encarnado? – indaguei.

– Poucos médiuns nos dão essa condição de atividades. A grande maioria dos encarnados durante o descanso físico dá vazão a anseios íntimos de ordem inferior. Procuram parceiros de outras épocas, satisfazem condicionamentos de ordem sexual, mergulhando em atividades de conteúdo moral inferior. Entre os médiuns não é diferente. São pouquíssimos os trabalhadores encarnados que nos oferecem segurança nas atividades mediúnicas. Costumeiramente precisamos nos adaptar as ferramentas que temos, já que, infelizmente, nem sempre podemos contar com a disposição do médium.

Juari, para nossa satisfação, tem apresentado um bom rendimento nas atividades noturnas. A sua conduta sempre ativa, não permitindo espaços à ociosidade, vigorada pelas reflexões e ações de elevado conteúdo moral, faz com que ele, ao dormir, possa ter conosco atuação produtiva. O mesmo não tem ocorrido com a imensa maioria dos médiuns, que assumindo uma postura bela quanto ao seu empenho no auxílio ao próximo tem deixado de fazer sua parte no cultivo de valores elevados. Existe uma equivocada crença de que o convívio com espíritos somente ocorre no centro espírita e que, fora dele, somente com pessoas que sofrem de obsessão. Isso é um engano! A população de desencarnados supera imensamente a de encarnados: em todo e qualquer local a possibilidade de interferência espiritual é imensa. E sabemos que bastam nossos pensamentos para que esta interação aconteça em conformidade com nosso padrão de conduta. O médium não está limitado ao núcleo espírita em que atua: é médium em todas as horas, em sua conduta e em seus pensamentos. De que vale alimentar a devoção à tarefa no centro espírita e esquecê-la no restante da semana? Agindo assim nos tornamos lobos em pele de cordeiro.

– E se os encarnados lembrassem de suas experiências espirituais durante o descanso do corpo? – indagou Anna.

Com grande facilidade para expressar o que pensava, João Pedro continuou:

– Essa possibilidade existe, mas levam na conta de pesadelo sem importância. É certo que não devemos dar demasiada atenção aos sonhos, mas o rastro emocional que nos legam é prova do teor das experiências que vivenciamos. Sabemos que não há maior condição de lembrança em função da diferente organização fisiológica que compõe o corpo físico e perispiritual. Em casos de intenso volume emocional há um incremento nos níveis ectoplásmicos exteriorizados, o que viabiliza algumas lembranças mais vivas, mas que sempre encontram-se restritas por valores simbólicos.

Mudando o conteúdo da conversação Rudolph indagou com relação a Daniel:

– Por que a necessidade da permanência do licantropo Daniel junto à residência?

– Nós o encaminharemos novamente ao agrupamento de socorro, porém seu deslocamento necessita de maiores cuidados. Aplicamos a terapia hipnótica através do magnetismo para permitir esse deslocamento sem maiores interferências das condições ambientais por onde passaremos. Nós o trouxemos para iniciar um contato com o médium que será utilizado como instrumento em sua comunicação posterior. Nas condições em que se apresenta, caracterizado por descontrole emocional, ele requer amplo amparo na relação com o encarnado. Sua atuação indiscriminada junto ao mesmo se daria nas características de vampirismo nocivo à organização do encarnado.

Nós o levaremos novamente ao grupo e posteriormente, quando do regresso do médium, aproximaremos novamente os dois para maior integração da atmosfera que os caracteriza. O médium reduzirá seu padrão vibratório; e o desencarnado, sob nosso estímulo e controle, terá possibilidade de encontrar certo alívio, que facilitará na apresentação de maior lucidez.

A atividade magnética junto a Daniel estava concluída. Deveríamos levá-lo de volta às dependências do grupo espírita. Nosso diálogo teria que ser interrompido por enquanto.

9
Preparando os Envolvidos

As atividades eram intensas e nos empenhávamos em auxiliar onde fosse possível. Muitos dos desencarnados que ali aportavam buscavam somente um alívio imediato para suas dores, que era fornecido com carinho, para depois retornarem às suas aspirações inferiores. A assistência oferecida nestes casos objetivava cativar a confiança dos desencarnados, para que no tempo certo despertassem para os esclarecimentos ali ouvidos. O fruto precisa estar maduro para ser colhido; esses irmãos ainda necessitavam passar por maiores adversidades para compreender e aceitar livremente a necessidade de mudança. Se agíssemos impondo os ideais por nós abraçados, eles facilmente comparariam nossa palavra com nossa atitude e descartariam a necessária mudança de comportamento. Jesus não coagia ninguém a pensar como ele; estendia a mão e ofertava esclarecimento, permitindo e estimulando que cada um seguisse o seu caminho com total responsabilidade por suas escolhas.

Não podemos esquecer que diversos trabalhadores desencarnados seguiam em concurso intenso, indo e vindo, realojando necessitados e inspecionando a situação dos encarnados que se encontravam sob amparo do centro espírita a que se filiavam por algum motivo.

Somente no final da manhã conseguimos retomar o diálogo com João Pedro. Aproveitando alguns instantes onde nosso concurso não se fazia tão ativo pedimos alguns esclarecimentos a mais.

– Gostaríamos de continuar nosso aprendizado junto ao amigo. Será que poderia nos fornecer mais alguns informes com relação às atividades desenvolvidas junto ao medianeiro? – solicitou Anna.

– Quando analisamos a situação espiritual sob o ponto de vista limitado das convenções sociais terrenas, que nos influenciam quando na matéria densa, caímos em profundos equívocos. O trabalho árduo que observamos está na mesma proporção da grandeza da alma que o executa. Por isso devemos compreender que a ociosidade que caracteriza as almas que ainda não despertaram para os valores da eternidade é fruto de sua compreensão transitória e limitada. Sabemos que o espírito encarnado necessita de suas horas de repouso para o refazimento do organismo, o mesmo não sendo necessário ao espírito. O cansaço espiritual se caracteriza por doença, uma preguiça constante e difícil de ser domada que atende sob a denominação de egoísmo. Realmente são poucos os encarnados que despertam para a possibilidade de servir enquanto semi-libertos do corpo orgânico pela ação do sono. É mais comum acompanharmos a sanha da busca pelos interesses mesquinhos que nos caracterizam em larga escala.

Quando mergulhamos em nós mesmos focados em nossos anseios, na satisfação de nossos desejos moralmente inferiores, alimentamos o incêndio que nos queima internamente. Estamos, constantemente, em processo de auto-obsessão, preocupados exclusivamente com o que nos envolve. Toda dor é produzida por nós mesmos.

Agindo desta forma, a vida, por processo natural, acode com seus chamamentos. O que denominamos aflições são estocadas que nos chegam de variadas formas com o objetivo de nos fazer despertar de nosso devaneio egoísta. Aos primeiros sinais da dor, responsabilizamos os agentes externos pela dificuldade que nos aflige. Apontamos os obsessores, encarnados ou desencarnados, como sendo responsáveis pelo sofrimento que colhemos. Na medida em que vamos rompendo nosso insulamento egocêntrico, começamos a nos auto-responsabilizar um pouco mais por aquilo que passamos. Alternando remorso e revolta indicamos o próximo como causa maior do que sofremos, mas sentimos no íntimo, mesmo que tentemos esconder, uma certa responsabilidade por nossas escolhas. A proporção em que avançamos, conhecendo melhor quem realmente somos por detrás das máscaras que usamos, vamos tomando maior consciência do quão responsáveis somos por tudo o que nos acontece. Na exata medida em que aprendemos, desenvolvemos senso de responsabilidade, o que faz com que nos sintamos cada vez mais culpados por nossos equívocos.

Ao desavisado pode parecer que a alternativa para não sofrer se encontre em não se conscientizar de suas responsabilidades, não estudar a si mesmo. Acontece que somos despertados para a vida sob a ação de agentes externos até o instante em que consigamos compreender nossos erros por nós mesmos. Não há uma ação individual sobre cada um de nós. Colhemos as conseqüências de nossos atos: fazendo o mal a outros que entendem tanto quanto nós, sofremos as ações de sua revolta. A obsessão é uma ferramenta de progresso. O mal é aproveitado para um bem maior, ou seja, fazer o espírito se dar conta de que suas atitudes têm conseqüências e, que para melhorar é preciso mudança. Colocar a culpa sobre os outros é sempre característica de seres empolgados pelo egoísmo.

Quando aprendemos a nos auto-responsabilizar por nossas ações passamos a compreender tolerantemente quando outros se equivocam em relação a nós. Aos poucos percebemos que, enquanto estivermos centrados em nós mesmos, continuaremos a sofrer, seja pela ação externa ou devido ao remorso, características do egoísmo. Eis que surge a assertiva "fora da caridade não há salvação", pois é deixando de nos preocupar conosco que passamos a efetivar o processo de sanidade íntima. A cura do sofrimento está em agir desinteressadamente em benefício alheio, deixar para trás nossos problemas e mergulhar de vez em aliviar a dor dos que sofrem, ensinando o que já descobrimos. É assim que iniciamos nossa transformação consciente, pois até então seguíamos por imposição das leis naturais.

São os seres que já vislumbram essa alternativa que se dispõem a servir em todas as horas, concorrendo para seu equilíbrio íntimo. Por isso Jesus afirmou, "meu Pai trabalha e eu assim como Ele, também trabalho". Sabemos que a ociosidade não alimenta bons pensamentos. Sendo assim, não podemos esperar que o contingente de trabalhadores ativos seja grande; somos todos excessivamente egoístas ainda.

As palavras de João Pedro mereceriam um grande período para reflexões, traziam apontamentos sobre a gênese da dor humana e o entendimento para seu alívio. Certamente que nos defrontávamos naquele instante com mais um lúcido amigo, desses que Deus não cansa de colocar ao nosso contato para que possamos despertar mais rapidamente para a transformação renovadora.

— Lembro-me de que existem companheiros espíritas que temem essa relação ativa com os desencarnados; imaginam limitar o intercâmbio ao grupo espírita, sendo contrários a qualquer menção de manifestação espírita fora desses locais específicos — acrescentei, curioso por ouvir um comentário a esse respeito.

— Tememos o que desconhecemos. A freqüência de desencarnados junto ao nosso cotidiano, sejamos sabedores disso ou não, é intensa. No trabalho, na escola, na rua ou em casa, não há empecilhos a essas visitações. Mesmo que não aceitemos a existência do mundo espiritual, estamos em constante relação com ele. Quando estudamos a Doutrina Espírita aprendemos que a conduta reta não deve ser adotada somente em momentos específicos, devendo ser vivenciada todos os dias, o mesmo servindo para todas as orientações religiosas. Quando abrimos o coração para a mensagem de amor ao próximo, naturalmente selecionamos os convivas que conosco interagem no cotidiano. Se envolvidos pela ação da prece renovadora, atrairemos para junto de nós aqueles que nos querem bem. Pela qualidade moral dos envolvidos poderemos ter nossos limites respeitados, mas precisamos nos lembrar de que além da relação que entretemos durante o sono, quando visitamos os espíritos de nossa predileção atraindo-os para junto de nós, estamos sujeitos à presença das companhias que andam com aqueles com os quais convivemos no dia-a-dia. Seja no trabalho, ou no desenvolvimento de qualquer atividade cotidiana, estaremos em constante vida de relação, cabendo a cada um de nós a manutenção do equilíbrio. Por isso, ao invés de temermos o contato com os espíritos, devemos estimular o acesso de amigos desencarnados bem intencionados, que nos auxiliarão em nossas fraquezas. Onde o bem se encontra implantado o mal não cria raízes.

Rudolph manifestou sua curiosidade com relação ao comportamento do médium quando da interação vibratória, necessária para o intercâmbio mediúnico, ao que nosso anfitrião respondeu:

– Não nos resta mais tempo, mas vocês poderão ir comigo de volta à residência do médium logo mais, à tardinha, para que recolham por si mesmos essa observação. Por agora, sigamos atendendo aos que precisam de nós.

Dito isso, seguimos todos ao cumprimento do que nos cabia, estimulados pelo desejo sincero de renovação, aguardando com interesse a possibilidade de novo aprendizado.

* * *

Várias horas mais tarde, Benedito procurava João Pedro informando-o que Juari retornara ao lar, fizera uma refeição leve, sendo auxiliado na otimização do processo digestivo, e, por agora, dedicava-se à higiene pessoal. João Pedro solicitou que Benedito nos informasse o mesmo e nos guiasse até a residência transportando nosso precioso Daniel.

Encontramos Castro e João Pedro junto ao médium. Aproveitando que o mesmo se dedicava à leitura edificante, eles reforçavam o desejo de servir do encarnado. Víamos que a vibração do encarnado elevara-se muito, irradiando-se ao seu redor por conta da exteriorização que divisávamos sob olhar adestrado. Passados alguns minutos o orientador do médium indicou:

– Por favor, podem trazer nosso amigo doente. Juari encontra-se disposto e apto a iniciar o contato mais direto preparando terreno para posterior manifestação mediúnica.

Benedito e Sérgio, que nos acompanhavam, acostumados com a tarefa, encaminharam Daniel até onde se encontrava João Pedro. Castro manipulava resíduos ectoplásmicos do medianeiro possibilitando uma suave interação entre os envolvidos. Aos poucos esta ligação fluídica se fazia mais intensa, mas continuava sendo regulada por nosso controle.

– Está feito o primeiro contato. Agora devemos aguardar o momento de recambiá-los ao centro espírita – informou Castro.

João Pedro, muito acostumado a este tipo de tarefa, colocou-se à disposição para nos fornecer maiores informes, posto que agora teríamos algum tempo disponível. Benedito seguia junto ao médium, impedindo que a troca de fluidos fosse nociva ao seu amigo encarnado. Castro seguira com Sérgio para dar prosseguimento a outras tarefas.

– Creio que poderão acompanhar como se processa o intercâmbio mediúnico, que não ocorre somente quando da manifestação inteligente do desencarnado no agrupamento espírita, mas que tem sua fase mais importante quando da interação vibracional. Se a mesma não ocorre com harmonia, o trabalho de manifestação mediúnico fica seriamente comprometido. Sempre que programamos uma atividade de maior complexidade, como esta de que participamos agora, é importante garantir que o médium se faça receptivo e apto a interagir com o desencarnado. Esperamos que a comunicação do enfermo reforce o diálogo com seus perseguidores, ampliando possibilidades de envolvê-los no auxílio que ofertaremos.

Como perceberam, o contato entre Daniel e Juari é amplamente supervisionado. Normalmente, desencarnados na situação de zooantropos não deixam as dependências de nossa edificação espiritual. Espíritos nessas condições caracterizam-se por vampiros da vitalidade alheia e, por isso, não devem estabelecer maiores vínculos com os encarnados. Porém, no caso em questão, sabendo a finalidade de tal aproximação, Juari colocou-se à disposição para fazer esse sacrifício maior. Por certo, sentirá algum incômodo com a presença direta de Daniel, mas conta também com nosso amplo amparo, regularizando os limites em que a interação fluídica pode se dar. Essa é a tarefa de Benedito: limitar a perturbação que a presença de Daniel pode ocasionar em Juari.

Muito me interessava por tais apontamentos. Mais uma vez observava a inexistência de normas intransigentes para o auxílio dos envolvidos. Existem regras gerais, mas que são maleáveis conforme as necessidades dos envolvidos. Benedito era muito dedicado no auxílio do encarnado; parecia cuidar de um filho muito querido.

Seguia João Pedro:

– Quando nos propomos a ofertar de nós mesmos em benefício alheio, granjeamos novos amigos que agem para conosco da mesma maneira. Juari sairá fortalecido desta interação, pois sentirá intimamente a satisfação pelo dever bem cumprido, abrindo espaço para nossa mais ampla assistência. A doação sincera em proveito alheio vai com o exercício fortalecendo laços com a espiritualidade, permitindo que nossa presença amiga fique cada vez mais evidente. Com isso, a fé do médium vai se fortalecendo e com ela a coragem de enfrentar com maior disposição as dificuldades com que nos deparamos na existência material.

Minha participação direta por agora não se faz mais necessária aqui. Seguirei auxiliando em outras tarefas. Preciso supervisionar junto com o seu orientador de vocês a atividade que ocorrerá com o agrupamento revoltoso que se encaminha para nossa instituição. Peço que fiquem junto de Daniel, auxiliando Benedito nas eventualidades que se fizerem necessárias.

Para quem estiver disposto sempre há trabalho útil onde quer que estejamos. Anuímos com presteza à solicitação de João Pedro e aproveitaríamos para realizar novas observações. Algumas pessoas estão por demais acostumadas com a relação professor-aluno e isso dificulta um pouco a compreensão de como essa relação acontece na espiritualidade. Estamos habituados, por aqui, à troca de experiências. Não significa que os "alunos" são desconhecedores dos assuntos estudados, pois que aproveitamos para recolher informes diversos que venham a enriquecer nossas possibilidades de serviço. Por sermos distintos enquanto individualidade, apresentamos compreensão variada com relação às atividades que desenvolvemos. Oportunidades como a que agora desfrutava é rica em possibilidades de se aprender com a compreensão alheia. Como ninguém é dono da verdade, aos poucos, enriquecemos culturalmente, vamos adquirindo maiores condições de servir com eficácia. Por estarmos preocupados em melhor servir ao próximo, fica esquecida qualquer vaidade intelectual, que é uma forte característica nossa enquanto presos à matéria. Quanto mais aprendemos, mais tolerantes nos tornamos, pois divisamos que existem muitas formas de ver o mesmo evento. Percebemos que nossa opinião pessoal é somente mais uma e que ela se modificará com o concurso do tempo. Pensando assim, muito me alegro em conviver com companheiros que possam me propiciar novas reflexões.

* * *

O tempo passou. Benedito se esmerava em auxiliar a ambos os envolvidos no processo de interação fluídica. Sobrava pouco para que pudéssemos fazer, por isso nos concentrávamos em observar a reação dos dois.

Daniel apresentava imenso torpor, como o de alguém que recém acordava ainda sob efeito de anestésico. Sabíamos que não poderia ser diferente em função de sua condição limitada. Ao mesmo tempo, percebíamos que se encontrava menos agressivo, característica dos animais que se vêem acuados. O comportamento dos licantropos se assemelha muito aos canídeos, guardadas as proporções do desenvolvimento evolutivo já empreendido. Suas feições estavam mais suaves, por ação da drenagem que se fazia pela interação fluídica.

Juari, por sua vez, apresentava-se irritadiço. Por morar sozinho, não refletia esse comportamento em mais ninguém, mas certamente se vivesse com demais familiares estaria propenso a desentendimentos banais. Sentia também algumas reações incômodas no organismo, forte dor de cabeça o atormentava, não havendo medicação que o aliviasse. Acostumado ao estudo de obras sérias da Doutrina Espírita, entendia que podia estar sentindo as dificuldades da relação fluídica com os desencarnados. Isso mais o enchia de empenho em se superar, permitindo com que o alcance da ação de Benedito fosse mais eficaz, aliviando um pouco a sensação de incômodo.

Já sabia que a mediunidade encontra-se atuando sobre o diencéfalo e suas estruturas. No interior da residência corporal é este centro o quarto do espírito. Na opinião de René Descartes e de Galeno[1] seria a glândula pineal a sede da alma; hoje sabemos por informações espirituais que o perispírito se vincula ao corpo

---

[1] *Galeno, anatomista do século II da era cristã e Descartes, filósofo e matemático do século XVII, foram introdutores do pensamento que a glândula pineal era o principal ponto de interferência dos comandos do Espírito sobre o corpo.*

célula a célula, mas que as atividades mais ricas convergem para o interior do encéfalo, e em seu interior, para a glândula pineal, também conhecida como epífise. Essa informação atualmente saiu do campo das suposições. Tal estrutura comporta-se como relógio biológico e, portanto, responde diretamente pela manutenção do período em que devemos permanecer encarnados, regulando as atividades orgânicas pela liberação de seu hormônio, a melatonina, que atua sobre o sistema endócrino por meio da hipófise. É ainda influente no campo dos sentimentos, pois interfere no sistema límbico[2], que também irá se refletir sobre todo o cosmo orgânico. Essa relação merece maiores reflexões e estudos de nossa parte, mas sua relação, apesar de não ser totalmente compreendida por nós, já é uma evidência.

Por isso, a mediunidade repercute no campo emocional dos médiuns e igualmente, quando mal administrada, age perturbando as funções orgânicas. Seria importantíssimo que os estudiosos da Doutrina Espírita se dedicassem ao estudo da neurofisiologia das emoções, já que são vítimas todos os dias de seus efeitos. Ainda há muito que avançar, mas podemos enfatizar que a autodescoberta é fundamental para minimizar os incômodos da interação vibracional que temos com encarnados e desencarnados, quer sejamos espíritas, médiuns, ou professemos qualquer outra crença. Essa troca independe do que acreditamos, ela simplesmente acontece. Por isso, faz-se imprescindível conhecê-la, para que possamos nos empenhar em reagir positivamente aos seus efeitos.

Desenvolver a mediunidade é escola que educa nossa maneira de crer e sentir; quanto mais nos analisarmos, ao invés de analisar os outros, mais saberemos distinguir quando estamos sendo fantoches de interferências externas. Precisamos deixar de culpar o próximo por nossos erros e, antes de tudo, esforçar-nos

---

[2] *Emoções e sentimentos, como ira, pavor, paixão, amor, ódio, alegria e tristeza, são criações mamíferas, originadas no Sistema Límbico.*

por encontrar quem realmente somos. A reflexão e a construção de valores íntimos moralmente elevados permite que estejamos mais receptivos à orientação de companheiros desencarnados que podem nos auxiliar.

Benedito recolhera minhas reflexões e manifestara-se com extrema humildade:

— Desculpe a interferência, é que o senhor estava pensando alto e eu sem querer fiquei curioso com que o irmão refletia. Sabe que é verdade mesmo? Os espíritos mexem com as emoções das pessoas. Sem contar que nós também somos espíritos e que, sendo assim, também agimos uns sobre os outros. Sabe, seu moço, eu não tive muito estudo em minha última passagem pela Terra, mas agora estou podendo aprender bastante. Tenho ajudado pessoas com mediunidade no contato com os espíritos desencarnados, o pessoal que trabalha nos grupos espíritas. Já andei por outros grupos e ajudei alguns médiuns e pude constatar que são poucas as pessoas que se comportam como seu Juari.

— Como assim? — quis saber, curioso.

Nessa altura do diálogo Rudolph e Anna já se inteiravam do assunto dispostos a participar da conversação.

— É que o Juari não reclama da sensação de incômodo que sente. Eu consigo notar que a presença do desencarnado o perturba mais do que ele permite transparecer. Eu mesmo tenho dificuldade de permanecer próximo de alguns espíritos tão doentes como este, mas aí eu observo o seu Juari e penso: puxa, se ele se empenha em ajudar mesmo sob esta dificuldade, eu tenho que me esforçar mais, afinal, ele também precisa da minha ajuda. — A simplicidade das palavras de Benedito era contagiante, mas ao mesmo tempo, a profundidade de suas colocações era muito instrutiva. — Eu ainda sou muito apegado às sensações materiais e isso muito me incomoda. Por isso estou trabalhando junto desses necessitados: assim me educo mais rápido. Mas como eu ia dizendo, já estive com outros médiuns. A maioria deles não consegue se controlar tão bem. Ficam mal-humorados, reclamando de tudo, e incomodam seus familiares, a ponto de fazer com que alguns antipatizem com o Espiritismo. Mas não deveria ser assim: o mau comportamento de uns não pode servir de regra para o todo. Conheci uma senhora encarnada que via os necessitados junto dela, mas mesmo assim ficava resmungando. Os coitadinhos dos espíritos ficavam até constrangidos de estar junto dela, de tanto que ela reclamava.

Rudolph aproveitara a interrupção para participar da conversa:

— Isso é característico de nossa falta de caridade para com o próximo. Algumas vezes nos propomos a aprender sendo úteis, mas mesmo assim não conseguimos controlar nosso egoísmo e orgulho. Fazemos questão de deixar evidente o quão difícil é esse nosso empenho. Inconscientemente cremos receber mais se mostrarmos aos outros o quanto nos esforçamos, quando na verdade, ao invés de fazer a caridade estamos promovendo a humilhação, apontando o quão lamentável é a condição do espírito que aceitamos abrigar. Já imaginaram o que seria de nós se nossos amigos desencarnados nos tratassem de igual maneira? Não podemos imaginar que nossas muitas imperfeições não os incomodem. Se não as expõem é por caridade para conosco. Precisamos colocar em prática as lições do Cristo, que fazia da fraternidade sua bandeira, independendo de quem estivesse ao seu redor.

— "A caridade liga o benfeitor ao beneficiado, e depois se disfarça de tantas maneiras. Pode-se ser caridoso mesmo com os parentes, com os amigos, sendo indulgentes uns para com os outros, em se perdoando as fraquezas, em tendo cuidado para não ferir o amor-próprio de ninguém: para vós, espíritas, em vossa maneira de agir para com aqueles que não pensam como vós; em conduzindo os menos esclarecidos a crerem, e isso sem os chocar, sem contradizer as suas convicções, mas os conduzindo muito suavemente às nossas reuniões, onde poderão nos ouvir, e onde saberemos encontrar a brecha do coração por onde penetrar. Eis um aspecto da caridade".³ Desta mesma forma, que aproveitemos a oportunidade para aprender sem julgar ao nosso próximo. Todos erramos e, portanto, somos necessitados da indulgência alheia – complementou Anna.

Estávamos nos aproximando do momento em que deveríamos deslocar Daniel para o agrupamento espírita. Iríamos conjuntamente com Juari para o local de atividades noturnas.

---

³ *Mensagem do espírito Cáritas, cap. XIII,* O Evangelho Segundo o Espiritismo.

10
No Núcleo Espírita

Deixamos a residência do companheiro encarnado no início da noite. Seguíamos em grupo para o centro espírita onde daríamos prosseguimento ao planejado. Trazíamos cuidadosamente "nosso precioso volume", que seguia letárgico como antes, impossibilitado de maiores manifestações da consciência.

Após curto trajeto nos aproximávamos das dependências da pequena construção no plano físico que, no entanto, erguia-se imponente na esfera espiritual. De imediato pudemos constatar intensa movimentação nas cercanias do endereço. Uma pequena multidão de espíritos desencarnados se aglomerava em frente ao portão de acesso. Faltava uma hora para o início das atividades programadas entre os encarnados. No entanto, entre os desencarnados as atividades não cessavam, e na proximidade da reunião se faziam mais intensas. Como em outros locais, personagens apresentando os mais diferentes dramas solicitavam auxílio junto aos servidores do núcleo espiritista.

Infelizmente nem todos poderiam ser amparados naquele momento, pois há de se levar em consideração o desejo sincero do solicitante. Se empregássemos tempo no socorro daqueles que pretendem se recuperar para retornar ao processo de vingança ou ao cultivo dos vícios, estaríamos concorrendo para ampliar mais ainda seus dramas já tão intensos. No entanto, todos eram bem tratados. Havia a possibilidade de se receber valiosos esclarecimentos, nos quais se estimulava o desejo de transformação em cada um. Priorizar o socorro às vítimas desejosas de renovação não se caracteriza por discriminação com relação aos irmãozinhos enraizados na revolta. Como sabemos, para que qualquer ação externa surta o devido efeito em nós é necessário que encontre ressonância em nosso íntimo. Sendo assim, a própria dificuldade por que passam se converte em bênção, pois abre caminho na consciência dolorida, que através do cansaço e da dor predispõe-se ao auxílio oferecido.

Ingressávamos na agremiação, amparando Daniel, quando percebemos mais intensa agitação que se fazia perceber por detrás da fileira de desesperados. À pequena distância vinha se aproximando um agrupamento de aproximadamente trinta espíritos, que deixavam claro a sua condição moral pelo estardalhaço que faziam. Constatamos que o encontro houvera sido propositadamente planejado, já que os espíritos apressaram o passo quando perceberam que trazíamos Daniel conosco.

Aumentando a agitação, passaram a clamar nominalmente pela posse de nosso irmão enfermo. Tremenda chuva de impropérios caía sobre nós, que sem delongas adentramos a instituição.

Os revoltados foram contidos pela ação fluídica. Para facilitar o entendimento: um encarnado não consegue atravessar uma porta sem que a abra; dá mesma forma, os espíritos desencarnados não conseguem ultrapassar barreiras mentais, erguidas com o concurso do magnetismo alimentado por aspirações superiores, sem que apresentem sintonia, ou ascendência sobre a vibração que constitui o obstáculo com que se defrontam. Por isso, fica fácil compreender a ação seletiva que o cultivo nobre da prece provoca em nossos lares.

Sendo assim, todos os desencarnados dotados de sinceras aspirações no âmbito da renovação atravessavam facilmente a barreira magnética que restringia a ação perturbadora. Deste modo continuava-se atendendo aos necessitados que se predispunham ao auxílio oferecido.

Quando a individualidade caminha rente ao lodo de suas paixões inferiores de ampla concentração egocêntrica situa-se, por vezes, ilhada em si mesma, levando consigo algumas consciências obtusas que se agarram ao mesmo conteúdo de aspirações mentais. A partir do instante em que esse mesmo indivíduo se dispõe a fazer a grande mudança, buscando sinceramente a transformação moral, destaca-se no pântano de aflições em que ainda vive. Nesse momento, atrai para si a inveja e a revolta de muitos outros espíritos, encarnados e desencarnados, que temem perder o pseudo-controle de que se imaginam possuidores com relação à vida alheia. A dificuldade de se empreender a renovação íntima é complexa, posto que muitos daqueles companheiros que convivem e conviveram conosco através dos tempos juntam-se a nós, alguns poucos desejando seguir nossos passos, e outros muitos temendo a transformação. Embrenhados no vale da dor assustam-se, essas inteligências endurecidas, que a transformação tenha chegado tão perto deles, a ponto de os alcançar; revoltados, lançam-se a retaliações, que mais se caracterizam por um clamor inconsciente de socorro.

A compaixão é a chave mestra que abre todos os corações endurecidos. Não há ser que não ame ou tenha sido amado, e que em determinado momento irá desabrochar como a mais bela flor da primavera de sua existência. Servir ao auxílio divino no despertar destas consciências obliteradas pela dor faz nos lembrar do passado, quando há pouco tempo ainda constituíamos falanges como essas em completo desequilíbrio mental. Quantas vezes, em outros tempos, não havíamos descarregado a ofensa sobre almas bondosas que nos estendiam as mãos? Agora era a nossa vez de demonstrar a mesma compreensão que havia sido demonstrada para conosco.

Ao ingressarmos no salão do grupo espírita encontramos alguns encarnados. Eram poucos, mas aproveitavam seu tempo para uma melhor ambientação com os fluidos existentes no recinto, realizando leituras edificantes e abstendo-se de conversações fúteis, o que muito facilitava a assepsia fluídica do lugar. Como seria oportuno que todos os encarnados dedicados a labores fraternos procurassem manter um comportamento saudável não somente no centro espírita, mas em período integral.

Dois auxiliares desencarnados vieram recolher Daniel, que rapidamente fora encaminhado a local propício, onde não só receberia o atendimento devido, como também poderia permanecer isolado de nosso ambiente de trabalho, principalmente dos encarnados.

Nem sempre é a presença dos desencarnados que perturba o campo emocional dos companheiros encarnados. Grande parte das vezes é a própria permuta fluídica que realizam entre si que os incomoda, compreendendo-se que cada um assimila conforme suas predisposições mentais. Desta forma, em locais preparados antecipadamente, dificilmente a presença dos companheiros necessitados de além túmulo provocará interferência no equilíbrio dos freqüentadores encarnados, não se podendo dizer o mesmo quanto às emissões mentais que partem da esfera mais densa agindo diretamente sobre os irmão desencarnados, ainda muito carentes psiquicamente de necessidades materiais. Por isso, Daniel fora isolado.

* * *

Atuávamos onde houvesse a necessidade. Com a proximidade do início das atividades no núcleo espírita, as atividades se intensificavam. Seguíamos em ritmo acelerado, ajudando aqui e ali. Após alguns minutos nestas ocupações tivemos nossa curiosidade despertada com o ingresso de uma visitante encarnada.

Castro, objetivando fornecer-nos oportunidade de estudo, chamou-nos e solicitou que acompanhássemos o drama da senhora que acabara de dar entrada no local. A senhora, de rosto sulcado, expressava uma melancolia inamovível. Chegara amparada por seus familiares. Possuía extrema debilidade motora. Mal conseguia se descolar e mesmo manter-se na posição sentada lhe parecia difícil.

Com grande presteza e espírito de doação, dois trabalhadores encarnados vieram ampará-la. Ao que nos pareceu, já tinham certa intimidade com ela, talvez de outras oportunidades anteriores. Encaminharam-na para a lateral da modesta sala, que comportava cinqüenta pessoas sentadas, não mais que isso. Foi somente então que pudemos reparar que havia um leito ali disposto, muito simples, representando a condição humilde do agrupamento, mas que permitia a participação da irmã que acompanhávamos.

Enquanto a senhora era gentilmente auxiliada para ficar em posição confortável no leito, dirigíramos nossos olhares, curiosos, para nosso orientador.

Castro nos sorriu e introduziu:

– Não vejo o porquê da surpresa com a situação. Será que não deveríamos abrir nossas portas aos necessitados de toda espécie? Porém, compreendo os olhares de curiosidade. Enquanto me dirijo a vocês, imagens menos felizes passam por minha mente: são de ocasiões em que as pessoas tidas como diferentes foram rechaçadas. Enfermos que sucumbiram à ação dos vícios, sendo impedidos de freqüentar o culto de sua predileção; amantes da vida boêmia constrangidos a se retirarem das instituições que diziam pregar a mensagem do Cristo; profissionais do sexo tendo confiscado o seu direito de expor publicamente sua crença e sendo impedidas de acessarem diversos locais. E muito mais, meus irmãos. Como dói ver a iniqüidade humana! E dói mais ainda ter a certeza de que num passado não muito distante éramos nós que barrávamos e condenávamos a conduta de nossos irmãos de humanidade. Como demoramos a abrir nossos olhos e perceber que Jesus falava dos doentes de espírito, ao afirmar que viera para trazer paz aos enfermos, pois estes eram os verdadeiros necessitados. Refletindo, atualmente me faço a seguinte pergunta: e agora, quem são os enfermos? Quem são os maiores necessitados? Nossos irmãos supliciados por diferentes vícios ou nós, que aumentamos as suas torturas com o peso da nossa incompreensão? Quem são os cegos, os surdos? E a figueira seca das parábolas do Cristo? Como levamos tempo para perceber que Jesus falava de nós! Temos o "coração" doente, meus amigos. O egoísmo nos corrói. É amando os deserdados que iniciamos nosso processo de cura.

É uma pena que vejamos esse acolhimento sendo realizado com tão pouca freqüência. O formalismo tem corrompido os ideais nobres do cristianismo. Mesmo entre os espíritas, são pouquíssimos os grupos que se despem de sua ortodoxia para adaptarem-se a aqueles que são a razão de ser dos ensinos de Jesus: os deserdados do mundo. Os centros espíritas não podem cair no equívoco de crerem-se fundados para erigir a ordem e a verdade, pois estas somente devem ser creditadas ao Legislador Maior. Nossa meta deve ser aliviar os sofridos, como pudermos, e aproveitar a oportunidade que Deus nos oferta de tirar lições de renovação com a prática da caridade desinteressada.

Ah, meus filhos! No passado cometi os mesmos erros que vejo meus companheiros encarnados cometendo com tanta freqüência. Em nossa ignorância acreditamos poder dirigir a vida alheia, indicar a forma com que cada um deve se conduzir na vida, estipular regras supondo mapear o melhor caminho para progredirmos. Esquecemo-nos quase sempre de passar da teoria à prática, pois enquanto formulamos conceitos e mais conceitos, deixamos de aliviar o sofrimento daqueles que nos rodeiam. Vemos muito disto nas agremiações espíritas: espíritos muito ocupados com as discussões infrutíferas, com tempo e ânimo suficientes para criticar e pouca disposição para construir. Qualquer ocioso, meus irmãos, tem condições de destruir, mas é somente o trabalhador ativo que consegue edificar o evangelho ao seu redor.

Nosso amigo silenciara.

Entendia o que Castro queria nos dizer: o modismo parece ter se enraizado também na Doutrina Espírita. Muito estudo e pouca prática. De que vale o conhecimento sem sua aplicação de maneira construtiva? Sempre o comodismo, grande mal do comportamento humano. Temos doutrinado muito, mas exemplificado pouco, para usar os termos espíritas. Empregamos igualmente o catecismo que outrora condenávamos por sua imposição intransigente, mas será que temos respeitado o direito que todos possuímos de pensar diferente? O que realmente importa: conceitos precisos, que dividem; ou compreensão amorosa do estado evolutivo individual, que unifica? Quanto material para pensar! Tanto a aprender!

* * *

Em breves minutos a instituição encontrava-se cheia. Em ambas as esferas, era grande o contingente de necessitados. Aos nossos olhos, gostosa simplicidade contagiava o ambiente dos participantes encarnados. Reuniões com menor número de participantes tornam-se muito mais propensas ao envolvimento na tarefa do bem. Nestas ocasiões é muito mais simples conseguir suficientes graus de sintonização.

Todos os componentes do grupo de assistentes encarnados já se faziam presentes. Faltava ainda um terço de hora para o início da preleção evangélica. Todos os freqüentadores se confraternizavam entre si e não havia qualquer deferência especial que evidenciasse os trabalhadores encarnados dos demais freqüentadores do local. Constatamos com admiração que, mesmo aqueles que somente freqüentavam o centro espírita, colocavam-se de maneira solícita a prestar orientações e auxílio aos participantes que ali chegavam pela primeira vez. Era tamanha a unidade de ideais que todos se sentiam úteis e, de diferentes formas, entendiam o convite ao trabalho que constantemente lhes era endereçado. Essa a maior possibilidade de pequenos núcleos, que deixam de parecer igrejas, desfazendo-se da frieza e do formalismo, para acolher todos os participantes da mesma forma, sem distinção alguma, tratando todos pelos seus nomes. E, com isso, fomentam o desejo de progredir, deixando de somente resmungar para estender os braços a aqueles que se encontram ao nosso redor. O equilíbrio do ambiente era a tônica.

Soubemos mais tarde, em conversa com Atanásio, que havia naquele núcleo pequenino freqüentadores assíduos, não ativos no centro espírita, que se ofereciam espiritualmente para receber em seus lares espíritos desencarnados em condição de necessidade para troca fluídica e educação pelo exemplo digno. Se todos os médiuns pudessem compreender esses exemplos de dedicação certamente não teríamos mais manifestações queixosas com relação às dificuldades de exercer a mediunidade.

Enfermos de toda a natureza sentiam ali, naquele humilde lugar, uma expressão maior de aconchego, como se todos os corações conseguissem pulsar em um mesmo ritmo. Era de extasiar tamanha dedicação, adquirida pelo exercício da simplicidade com desinteresse, contrastando com tantos exemplos outros, onde a vaidade e o orgulho corromperam os embriões de nobres intenções. Não havia uniformes, nem quaisquer formalismos. Podia-se inquirir e refletir com liberdade; todos eram importantes, todos sentiam-se iguais. Não se evidenciavam manifestações mediúnicas; apoiava-se nas lições morais ofertadas pelo exemplo dos Espíritos benfeitores.

Muitas dificuldades existiam, que eram resolvidas com união, no seio do sentimento de afeto que interligava todos os participantes. Por cada um dar o que de melhor poderia e jamais se cobrarem, conquistavam pelo exemplo a simpatia e a confiança uns dos outros. Nas crises, fortaleciam-se os elos da corrente da fraternidade reinante, posto que sabiam se apoiar sem recriminação, fazendo-se amplos beneficiários do concurso superior. Perante a dor, ao invés de mergulharem no próprio sofrimento, lembravam-se de que outros sofriam sem a consolação dos esclarecimentos que haviam adquirido pelo Espiritismo, e mais uma vez se erguiam para servir ao próximo. Talvez tudo isso pareça uma utopia, mas era exatamente isso que víamos naquela noite.

* * *

Aproximamo-nos do leito que abrigava a jovem senhora; ao seu lado, cooperadores do mundo invisível se desdobravam em auxílio. Uma enfermeira desencarnada que envergava traje religioso característico àquela prática no passado, desdobrava-se em manipulações magnéticas junto à enferma. Nosso olhar foi suficiente para nos fazermos compreendidos pela cooperadora, que nos solicitou mentalmente que aguardássemos alguns instantes, pois em breve poderia atender-nos.

Colocamo-nos à pequena distância do leito observando o que se passava. Aguçando minha percepção pude perceber que o corpo perispiritual apresentava as mesmas características exteriorizadas no envoltório físico. Sondando mais a fundo, procurei espaço para compreender no psiquismo da encarnada a gênese de tão extensas seqüelas, no que constatei fugazmente alguns episódios que exprimiam acerba violência e acusações diversas. Não percebi exatamente os episódios, no entanto pude aquilatar o conteúdo emocional que continham, estabelecendo uma visão geral do drama que observávamos. Esse conteúdo emocional agia influenciando o equilíbrio das estruturas mentais[1] (matriz modeladora do campo perispiritual).

A servidora, prestimosa, finalizara suas atividades mais imediatas junto desta irmã, colocando-se prestativa à nossa disposição.

Apresentamo-nos rapidamente, no que ela esclareceu:

– A irmã, que tem freqüentado semanalmente nossa instituição, sofre com uma atrofia muscular espinhal de difícil classificação. Nascera em condições razoáveis de saúde, mas trazia em sua mente o desequilíbrio que se acentuou, pouco a pouco, através do contato com as companhias espirituais do passado.

Fora ela, em tempo recuado, capataz de uma fazenda dedicada à produção do açúcar. De personalidade rude e agressiva, fizera da chibata a única forma de diálogo com os negros cativos. A morte, que retira todas as máscaras, colocou-a, frente a frente, com suas vítimas. Recolhida violentamente, mesmo sob as agressões de seus convivas em equívocos, demorou a aceitar sua parcela de responsabilidade sobre os acontecimentos em que se encontrava envolvida. Alegando ser somente cumpridora das ordens do patrão apegava-se aos discursos religiosos daquela época, que enfatizavam a inexistência de alma nos escravos. Encontravam-se todos os envolvidos mortos para o mundo físico, no entanto, seguiam vivos, regurgitando suas dores.

Com a persistência das torturas e acusações que eram lançadas sobre sua pessoa, lapsos de remorso se imiscuíram em seus pensamentos. Galopantemente fora modificando seu estado íntimo, a casca da indiferença rapidamente se despedaçara. Fixara-se mentalmente nos assassínios que cometera contra nascituros que apresentavam alguma debilidade para o trabalho escravo, prática essa que realizara muitas vezes[2].

---

[1] *André Luiz adotou o termo "corpo mental" para fazer referências a tais estruturas.*
[2] *As condições de extrema debilidade para a subsistência, como desnutrição e maus-tratos, provocavam muitos nascimentos em tais circunstâncias. Some-se ainda a isso os sentimentos inferiores que nutriam a muitos dos envolvidos e teremos uma porta aberta ao sofrimento reparador em larga escala.*

Passara inconscientemente a aceitar a aflição que se lhe lançava como forma de encontrar a punição para os delitos que cometera. Com tal conduta atormentada, muitos dos vingadores se desinteressaram de sua presa, posto que a mesma se autoflagelava mentalmente. Muitos outros, porém, seguiam assediando o antigo capataz.

Algumas tentativas reencarnatórias foram efetivadas sem muito sucesso do ponto de vista que nossa concepção limitada alcança. No entanto, gradualmente, em cada oportunidade, as amarras da revolta foram se afrouxando. O sentimento de culpa aliado à ação obsessiva provocara imensa gama de deformações no modelo perispirítico. A mente impressionada fixara-se nestas impressões desequilibrando o modelo organizador biológico. A relação remorso-vingança atrelara os envolvidos em intrincado drama, de largas proporções, que dificilmente poderia ser solucionado em curto prazo.

É por isso que encontramos nossa irmã neste estado. Não conseguindo alterar suas emissões mentais, predispõe-se a provocar deformações no perispírito, e conseqüentemente estas deformações se apresentam no corpo físico. Da mesma maneira, por não modificar o padrão mental, torna fácil a sua localização por parte dos obstinados vingadores. Estamos diante de complexo ciclo vicioso que realimenta o drama dos envolvidos.

É através da conscientização de nossa auto-responsabilidade ética que tem início o processo de manifestação de nossas enfermidades morais. Seria ingenuidade crer que seríamos julgados na espiritualidade após a desencarnação. Não cabe ao ser humano julgar seus semelhantes. Independente do nível evolutivo, a harmonia das leis divinas não requer juízes, nem sentenças.

– Como assim? – exclamamos a um só tempo.

– O sentimento de culpa nos impele ao progresso moral – seguia a enfermeira. – Imenso contingente das enfermidades que se apresentam em nossas vestimentas carnais tem essa origem. A conscientização de nossos equívocos e o conseqüente desenvolvimento do remorso têm estreita relação com nossos valores culturais e intelectuais já adquiridos.

— Poderíamos dizer, então, que bastaria não aprendermos valores éticos no convívio social para não desenvolvermos enfermidades enraizadas no complexo de culpa? — questionei, curioso pela resposta.

— Sua reflexão já era previsível. Não podemos esquecer que essa circunstância é inviável. Poderemos conscientemente nos negar a desenvolver nosso senso moral, porém, isso em nada nos impede de constatar a exemplificação virtuosa dos demais indivíduos da sociedade, visto que mesmo a natureza nos oferece valiosas lições éticas. Por este motivo convivemos com espíritos dos mais diferentes níveis evolutivos, aprendendo com os mais evoluídos e convocados ao exercício constante com os companheiros à nossa retaguarda.

Se sabemos atualmente, através de recentes descobertas da neurofisiologia, que a culpa e a vergonha, dependentes dos valores culturais, repercutem negativamente sobre o organismo na forma de neuroses, por exemplo, como poderíamos negar as possibilidades de influência deste mecanismo em nível espiritual?

A auxiliar desencarnada deixara-nos absorto em extensas reflexões. Outra vez constatávamos que somos os principais responsáveis pelas aflições que passamos. Unidos por eventos do passado, que certamente tinham origens mais remotas, os personagens envolvidos na trama que desfilava em nossos pensamentos digladiavam-se ferozmente uns contra os outros, alternando as posições de vítimas e algozes, não percebendo que somente eram vítimas de si mesmos. Ora o remorso, ora o sentimento de desforra, no entanto, sempre o aprendizado libertador.

* * *

A assembléia encontrava-se instituída; aproximadamente cinqüenta encarnados se colocavam respeitosamente em silêncio aguardando o início da preleção. Entre nós, desencarnados, as atividades seguiam céleres. Muitos enfermos chegavam atraídos pela grande movimentação na esfera espiritual.

Havia um sistema de transmissão de áudio que canalizava a palestra a outras dependências da instituição. Tal providência visa atender aos necessitados impossibilitados de deslocamento, e também àqueles outros que precisam de maior isolamento fluídico. Todo o contingente de espíritos que formava compacto grupo às portas da instituição era convidado a acompanhar as atividades, se assim o quisessem.

Os conceitos de moral elevada que se buscavam nestas ocasiões, por si sós, selecionavam os espectadores voluntários na esfera espiritual. Havia total impossibilidade de os desencarnados hostis agirem diretamente no ambiente, pois se encontravam limitados por eficiente construção mental, que imunizava qualquer ação mal intencionada. No entanto, não estamos totalmente livres da ação que se pode obter com a participação dos espíritos encarnados. Posto que o espírito atua como um dínamo gerador de mentalizações, que atende às aspirações particulares de cada pessoa, o consórcio entre inteligências encarnadas e desencarnadas pode interferir nocivamente na harmonia da reunião. É nesta brecha psíquica que os desencarnados encontram oportunidade para perturbar atividades como a que agora observava.

Qualquer contratempo, no entanto, é espetacular exercício para aprendizado e testemunho de todos os envolvidos. Depende de nosso esforço o contágio dos agitadores pelo exemplo que vivenciamos.

Iniciara a palestra da noite. Somente eu parara para observar o ambiente geral, visto que me cabia a incumbência de transmitir o panorama geral aos encarnados. Rudolph e Anna seguiam auxiliando os enfermeiros no socorro aos doentes que chegavam incessantemente. Castro auxiliava os "preceptores" dos medianeiros, preparando os pupilos destes para melhor desempenho nas atividades.

Exortando-nos ao perdão e à tolerância para com o próximo, a companheira encarnada auxiliava a saturar o ambiente de pensamentos elevados. Influenciando o padrão mental da assistência encarnada conseguíamos otimizar o aproveitamento das tarefas no âmbito da matéria menos densa. Diligente amigo desencarnado postava-se junto à palestrante, inspirando-a imperceptivelmente para os encarnados, dirigindo a preleção de encontro às necessidades mais urgentes daqueles que receberiam orientação através dos canais mediúnicos no decorrer das atividades.

A organização e sintonia com que se dava o exercício de assistência ao próximo fugia à percepção dos encarnados, que, entretanto, conseguiam sentir a atmosfera aconchegante que se desenvolvia.

A palestra seguia:

— Como poderemos condenar o erro de nossos irmãos, se precisamos da tentativa, que nos possibilita errarmos para aprender? Como não perdoar os deslizes alheios se por nossa vez somos também necessitados do perdão?

Estamos diante de estranho dilema: perdoar e aceitar a infração contra nós, ou seguir alimentando a desilusão, com medo de parecer fraco caso optássemos por esquecer a ofensa que nos foi supostamente lançada.

Seguia a trabalhadora fortemente inspirada, recolhendo a satisfação íntima de ser útil como sua maior recompensa, sentindo um bem estar indefinível. Após o término da preleção, atividades distintas se desdobraram objetivando assistir os encarnados em busca de auxílio e orientação.

* * *

Interessante salientar que algumas instituições espiritistas optam por realizar suas atividades de intercâmbio mediúnico na seqüência das atividades destinadas ao público em geral. Assim, se o grupo de encarnados funcionar em consonância com os trabalhadores da espiritualidade, há a vantagem de se conseguir através da palestra um direcionamento objetivo que motive e predisponha os espíritos necessitados à aceitação do auxílio que se lhes oferta.

No grupo onde nos encontrávamos havia muitos encarnados que somente freqüentavam o local, mas, conscientes e mentalmente disciplinados, forneciam-nos abundante material ectoplásmico, que posteriormente manipulado por ação do pensamento, supria muitas necessidades no socorro aos desencarnados. Boa parte deste "material pastoso", após ser magneticamente enriquecido, envolvia os espíritos dementados do ambiente, que adquirindo maior lucidez atentavam melhor para as orientações que se lhes queria prestar. Esta providência facilitava a assimilação da mensagem que se transmitia com a palestra, ficando muitos dos desencarnados sem a necessidade do contato mediúnico ostensivo para acolher as orientações.

Em outros agrupamentos espíritas se opta por realizar as atividades de intercâmbio mediúnico em dia específico. Escolha interessante no caso de os médiuns se prepararem adequadamente para a atividade. Infelizmente, não tem se constatado essa eficácia. A imensa maioria dos trabalhadores encarnados alega a falta de tempo para se preparar como o principal empecilho para exercer bem suas atividades junto à Doutrina Espírita. Como a atividade mediúnica acontece na dependência do conjunto dos envolvidos, interessante seria que, no mínimo, se estudasse em conjunto antes de se iniciarem as atividades de intercâmbio, possibilitando a concentração dos envolvidos em ideais mais nobres, ao mesmo tempo em que os desencarnados aproveitariam os conceitos colocados em reflexão no estudo. Porém, é imprescindível que estudos objetivando a preparação para a atividade mediúnica prezem pela harmonia entre os participantes.

Por constatação, parece-nos que as atividades mediúnicas que ocorrem posteriormente ao atendimento ao público têm apresentado melhores resultados. Os espíritos desencarnados podem com isso acompanhar as atividades de assistência em que os trabalhadores encarnados se empenham em auxiliar ao próximo. Deixamos de ser referencial teórico do cristianismo e passamos a possuir uma argumentação mais consistente pela força do exemplo[3]. Enquanto estivéssemos estendendo nossas mãos carinhosamente em auxílio ao próximo, muitos desencarnados sondariam nossas atividades e o sentimento que nos moveria em tais ações.

Salientamos ainda: não existem fórmulas de maior eficiência. Cada agrupamento deve se enquadrar nas possibilidades de que dispõe, estudando sempre, mas principalmente aplicando a teoria na prática. Se norteados pelo sentimento sincero de fraternidade não haverá convencionalismo que nos possa impedir de realizar o bem.

---

[3] *"Não há autoridade legítima aos olhos de Deus, senão aquela que se apóia sobre o exemplo que dá do bem". (Evangelho Segundo o Espiritismo).*

11
Aprendendo Com o Intercâmbio

As atividades se seguiam, o trabalho era a tônica em ambas as esferas. Aos poucos o contingente de encarnados diminuía a ponto de restarem somente os servidores da instituição.

Muitos freqüentadores encarnados da instituição se permitiam estar propensos à sintonia com os desencarnados que se encontravam nos arredores. Enquanto alguns destes seguiam companheiros afins, outros, curiosamente, encontravam novos parceiros por ocasião da invigilância dos pensamentos por parte dos freqüentadores encarnados. Supor que a freqüência em uma instituição espírita que exerça suas atividades com seriedade possa nos promover tais aproximações é um equívoco, uma vez que os espíritos desencarnados existem em todos os locais, não sendo o centro espírita favorecedor desta aproximação nociva. A razão maior de tal ocorrência é a falta de educação íntima por parte das pessoas. Não basta a freqüência, é preciso a vivência dos exemplos evangélicos.

O ingresso desses espíritos junto às dependências da agremiação espírita só ocorre se houver a possibilidade real do auxílio, portanto, é o centro espírita umas das principais ferramentas que fomenta a liberdade psíquica por parte dos freqüentadores encarnados. Em suma, a conseqüência desta invigilância mental por parte dos encarnados é que boa parte dos espíritos desencarnados deixa os arredores da instituição seguindo aqueles com quem têm afinidades.

No interior da construção, movimentação intensa entre os servidores dos dois planos dava conta de preparar o ambiente para as atividades de intercâmbio mediúnico. Equipamentos de transmissão de áudio eram checados. Seriam os mesmos utilizados para transmitir aos espíritos que se encontravam no exterior das dependências do centro espírita os principais aspectos abordados. Com isso se estenderia a orientação aos visitantes que apresentavam poucas condições de serem atendidos, estimulando a vontade de se modificarem. É a semente que se lança ao cultivo.

Enquanto os medianeiros estudavam os livros que compunham a base da doutrina codificada por Allan Kardec, em nosso meio, enfermos da mais variada espécie eram preparados para a atividade. Quero salientar que somente reduzida parcela da população espiritual da instituição se adequava às possibilidades de serviço que se deveria executar. Em um panorama geral, enfermeiros deslocavam agrupamentos com características similares, alguns andando, outros dispostos em macas, para que se acomodassem no recinto. A concentração dos trabalhadores era extrema; os enfermeiros responsáveis por cada um desses agrupamentos (com 8 a 15 componentes) esforçavam-se por isolar magneticamente seus pacientes. Diferentes grupos se formavam: alguns, em número um pouco superior, colocavam-se em uma das laterais do recinto. Estavam em melhores condições, mas olhavam a tudo com indisfarçável desconfiança. Soube que eram inconscientes da situação em que se encontravam, muitos sequer supunham que estavam desencarnados. Dois deles seriam os primeiros a se manifestarem por via mediúnica. O restante do grupo aproveitaria as mesmas orientações.

Nenhum espírito presente alimentava contrariedade ou descontentamento. Somente mais tarde, no decorrer da atividade de intercâmbio, é que os algozes de Daniel, em pequeno número, receberiam permissão para ingressar no ambiente. Evitava-se assim o choque vibratório. Todos os doentes poderiam ser posteriormente deslocados sem prejuízo.

Havia pequeno grupo que se caracterizava por desencarnações violentas e seria atendido posteriormente aos casos menos graves. Essa providência visa não causar impressão negativa nos comunicantes conscientes, visto que esses espíritos afetados por traumas tendem a influenciar bruscamente os médiuns podendo assustar os demais participantes.

Acima de nós, em ambiente que somente existia no plano espiritual, aproximadamente cem estudantes observavam as atividades. Essa possibilidade também é oferecida aos encarnados semi-libertos pelo sono.

Junto aos médiuns que se dispunham ao redor da mesa onde exerciam regularmente a educação da mediunidade, vinte preceptores e orientadores desencarnados formavam vigoroso campo de isolamento magnético, aproveitando a oportunidade para inspirar seus pupilos com motivantes sentimentos de fraternidade e doação. Ao mesmo tempo, os médiuns que serviriam de canal mediúnico eram gradualmente vinculados às emanações energéticas que caracterizavam os grupos de necessitados dos quais se fariam porta vozes. Nesses grupos se destacava a "sintonização" com os enfermos que deveriam posteriormente utilizar o aparelho biológico dos encarnados. Essa ressonância de vibrações era potencialmente facilitada por ocasião do asilo dos necessitados junto aos médiuns em dias anteriores. Entre estes encarregados da relação mediúnica se dispunha Castro.

Rudolph, Anna e eu aguardávamos o desfecho da situação de Daniel, que não se encontrava no local por razões óbvias. Somente ingressaria no respectivo ambiente quando sua vez chegasse. Existe uma preocupação especial com a manifestação de licantropos, pois se caracterizam por vampiros vorazes, a se aproveitarem das energias ectoplásmicas disponíveis. A falta de organização poderia extenuar fisicamente os médiuns.

Por este motivo a ocorrência de manifestações de espíritos em condições de debilidade extrema são sempre exceções nas atividades de intercâmbio mediúnico. A ocorrência corriqueira de tais comunicações se deve muito mais à falta de educação dos médiuns[1] (animismo) do que à realidade. Nem mesmo instituições pouco dispostas ao estudo e a disciplina de trabalho incorrem em tais intercâmbios, já que é muito difícil, sem conhecimento de causa, minimizar a ação nociva dos enfermos no ambiente de atividades.

Já houvera atendido muitos desencarnados em situação semelhante a Daniel, mas todos eles somente eram encaminhados à comunicação mediúnica depois de muito tempo de tratamento em postos avançados de auxílio especializado. Diga-se de passagem: os postos de auxílio mais bem estruturados têm alas específicas para atender os licantropos. E infelizmente estas dependências estão sempre lotadas. Esta seria a primeira vez que observaria uma comunicação tão complexa e cheia de cuidados extras.

O médium que acolheria Daniel, Juari, só entraria em ação na segunda etapa das atividades. O equilíbrio espiritual do médium em questão fornecia a possibilidade deste intercâmbio, condição difícil de ser preenchida. Seu sistema nervoso e as atividades do automatismo fisiológico[2] eram monitoradas por dois dos facultativos da instituição. Estes tinham a possibilidade de minimizar,

---

[1] *A falta de educação mediúnica, caracterizada pelos distúrbios afetivos e psíquicos dos envolvidos a perturbar a eficiência dos trabalhos, culmina em manifestações excêntricas, personalistas e de elevado teor ritualístico. Estas ocorrências muito se devem à ineficiência ou, na maioria dos casos, à falta do estudo de obras sérias da Doutrina Espírita. Se os espíritas realmente conhecessem as obras de Allan Kardec estas manifestações ocorreriam em bem menor número.*

[2] *O padrão mental do médium impondo-se ao automatismo biológico tenderia a expulsar o manifestante, reação do sistema imunológico que tem origem no perispírito com as organelas responsáveis por tais funções. Os especialistas espirituais, aproveitando a grande capacidade de entrega do médium ao serviço fraterno, reduziriam a ação dessas defesas automáticas do perispírito possibilitando melhoras nas condições de comunicação. Essa doação mediúnica inconscientemente agiria sobre o organismo perispirítico reduzindo a atividade imunológica, facilitando a aproximação do desencarnado.*

ou mesmo interromper a troca fluídica a qualquer momento que julgassem necessário. Sem esquecermos que o próprio Juari guardaria ascendência sobre a interferência do comunicante, pois cedia seu organismo opcionalmente.

As primeiras manifestações ocorriam. Enquanto isso, as atividades junto a este posto de socorro espiritual localizado na crosta seguiam céleres. Nós nos encontrávamos na sala operatória do centro espírita, se assim pudermos comparar, enquanto inúmeros servidores atendiam nas demais dependências da instituição. Se os encarnados espíritas pudessem visualizar o que tentamos descrever, a doação e a responsabilidade dos freqüentadores destas pequenas assembléias se agigantariam.

..*

Respeitadas as necessidades mais urgentes dos enfermos da alma, que lotavam o salão, pouco a pouco eram todos reconduzidos aos locais de que se faziam merecedores, para realização do tratamento particular de cada um. Após alguns minutos a sala ficara vazia de necessitados, só restando os trabalhadores responsáveis pela execução da atividade. Significativo número de servidores desencarnados, que ainda tinham pouca experiência nas lides com enfermos de maior complexidade, também deixaram o local. Muitos desencarnados, de pouco desenvolvimento com relação ao conhecimento da vida na espiritualidade, auxiliavam os demais enfermos como parte de seu próprio tratamento, facilitando o aprendizado e a ambientação. No entanto, a falta de maturidade no campo das emoções não os candidatava às atividades delicadas que aconteceriam.

Deslocados os pacientes, reforçadas as defesas magnéticas através de disciplinado controle mental, os orientadores da atividade na esfera espiritual motivavam os encarnados à elevação de seus sentimentos, fazendo predominar o sentimento de doação às necessidades alheias.

Percebemos que um laço fluídico se fortificava entre os instrutores espirituais e seus pupilos encarnados. Aqueles trabalhadores encarnados pouco suscetíveis ao intercâmbio mediúnico intensificavam a exteriorização do ectoplasma. Esse material de aspecto pastoso era manipulado por técnicos experientes, que imprimiam sua vontade alterando a intimidade de sua constituição, dotando-os com as características necessárias ao serviço em voga.

Ressalto a importante disciplina mental que estava sendo exigida dos participantes. Qualquer sentimento de aversão, principalmente por parte dos encarnados, causaria sérias limitações à tarefa empreendida. Digo isso com a intenção de que aqueles que se dedicam a esse tipo de atividade em seus grupos espíritas o façam integralmente, com responsabilidade, persistência, dedicação ao estudo e assiduidade disciplinada, incluindo a pontualidade nas atividades. A falta de tais predicados compromete a unidade e o padrão de desempenho do grupo em ambas as esferas.

Neste instante, dois enfermeiros se aproximavam de Juari trazendo Daniel. O refém da licantropia, após extenso tratamento intensivo, apresentava-se menos sonolento e um quê de agressividade já se fazia visível em sua fisionomia.

O médium que o auxiliaria sentia crescente angústia, no entanto, João Pedro era hábil em estimular seu tutelado ao autocontrole. Em poucos minutos, envolto no ectoplasma cedido pelos participantes, Daniel entregava-se mais intensamente ao psiquismo do médium. O monitoramento das funções vitais dos participantes era intenso. Juari permanecia monitorado por extensa aparelhagem, que constatava qual a influência dos fluidos deletérios do comunicante sobre sua organização biológica. Sei que tais aparelhos são dispensáveis quando existe maior conhecimento e capacidade de penetração por parte dos servidores, mas até mesmo em função da responsabilidade que a tarefa exigia, utilizava-se tal aparelhagem como implemento a mais na segurança dos envolvidos. Outros companheiros desencarnados monitoravam a capacidade de doação de ectoplasma por parte do grupo, estimulando incessantemente a concentração.

Questionei-me intimamente se o fato de os encarnados conhecerem as atividades não os despertaria para uma atitude de maior empenho e responsabilidade. Recordei-me de imediato que toda atividade segue meticulosa programação, inclusive verificando-se as possibilidades e disponibilidade dos envolvidos. Sendo assim, todos, sem exceção, trazem intimamente, em maior ou menor grau, o conhecimento com relação às atividades programadas.

Daniel, na proporção em que era envolvido no fluido nervoso dos encarnados, sob prévia manipulação, parecia recobrar pouco a pouco seu estado de lucidez, ainda muito comprometido. Em ressonância com o receptor mediúnico, passara a emitir sons guturais, que eram interpretados pelo encarnados como sendo manifestação de dor. Cabe salientar que profundo sofrimento marcava todas as expressões do comunicante, no entanto, essas manifestações são características do desencarnado que desperta de seu sono letárgico, fazem parte do gradual exercício para apoderarem-se do aparelho mediúnico com vias à comunicação compreensível.

Devido às condições lastimáveis de Daniel, Juari permanecia junto ao corpo biológico, recebendo a comunicação por via intuitiva. Dessa forma evitava maiores imposições da vontade do desencarnado que emergiam acrescidas de seu desequilíbrio emocional. Apesar da extrema disciplina do medianeiro, espasmos musculares agitavam seu corpo, provocados pelo choque magnético das vibrações que caracterizavam Daniel, espalhando-se elétrica e quimicamente por todo o corpo.

O dirigente encarnado que orientava as manifestações, assimilava intuitivamente a proposta da manifestação que parcialmente presenciava. Identificara, em confidência mental com seu orientador desencarnado, que estava diante de um quadro de licantropia. Conseguiu igualmente concluir que a condução harmoniosa daquela manifestação teria graves repercussões em outros participantes que não conhecia ainda.

Neste momento, a barreira magnética controlada pela ação mental dos servidores desencarnados possibilitou que três dos mais destacados perseguidores de Daniel adentrassem a instituição. Os mesmos, em sua vaidade, imaginavam ter rompido as defesas com sua força, supunham que a brutalidade se sobrepunha ao poder do amor. Poucos segundo foram necessários para que os mesmos se dessem conta do equívoco que alimentavam em suas conclusões. Cambalearam sob forte impressão das vibrações sutis que caracterizavam aquele ponto de luz na crosta terrestre em contraste com a emissão mental que os identificava. Desnorteados, sem o alimento psíquico inferior que os sustentava, sentiram-se anestesiar, sem conseguir impor nenhuma resistência. Foram assim dispostos junto ao salão onde ocorriam nossas atividades de auxílio.

Daniel conseguira a muito custo, com auxílio da atmosfera reinante somada à ação do ectoplasma, coordenar parcialmente o centro da fala, iniciando com dificuldade a pronúncia de fugidias palavras. O orientador encarnado, que a essa altura já não falava mais por ele mesmo, transmitia bela mensagem de esperança ao necessitado. Este último chorava, confundindo sentimentos de arrependimento por seus atos e de raiva pela situação em que se encontrava. O orientador encarnado lhe incentivava o perdão. Suas palavras, sem que ele soubesse, alcançavam igualmente os perseguidores que se manifestariam logo a seguir. Explicava-lhes a necessidade de perdoar com fins ao próprio progresso, afirmando que somente o amor é capaz de desvincular-lhes uns dos outros nesses laços de intenso ódio que os uniam. Poucos minutos se passaram. O agrupamento encarnado dava sinais de cansaço; alguns médiuns se movimentavam nas cadeiras demonstrando inquietação. No mesmo instante decrescia a liberação do ectoplasma que auxiliaria o equilíbrio e viabilidade da manifestação. Daniel precisava ser retirado, retornando rapidamente ao seu estado anterior de apatia. A lucidez que momentaneamente desfrutara não fora conquista íntima. Conseguida a muito custo, lançaria nele sementes de renovação, mas deveria seguir colhendo o preço de suas escolhas pessoais. Chegara a vez de seus algozes.

* * *

Daniel, apático, houvera recebido vigoroso choque nas estruturas nervosas de seu perispírito por ocasião do intercâmbio mediúnico. Muitas de suas mentalizações deletérias haviam sido drenadas, diminuindo a carga psíquica negativa que o caracterizava. Tanto o componente encarnado quanto o desencarnado que participaram mais ativamente da comunicação mediúnica exigiram muito esforço mental na produção e sustentação do fenômeno e por isso encontravam-se extenuados.

Juari, apesar do cansaço, trazia na intimidade a alegria incontestável do dever bem cumprido, que o revigorava espiritualmente contagiando seu organismo. As equipes de trabalhadores desencarnados atuavam junto ao grupo de encarnados, estimulando neles o equilíbrio e a boa vontade para dar fechamento ao planejamento em curso. Enquanto se preparava a continuidade das atividades de intercâmbio, Daniel, em sua letargia, era encaminhado a uma instituição que o pudesse auxiliar de acordo com suas possibilidades.

Muitas operações magnéticas eram realizadas com o objetivo de possibilitar com maior segurança a manifestação dos três perseguidores que se encontravam aturdidos em nossa esfera de atividades.

As criações mentais de "freqüência inferior"[3] sucumbiam naquele ambiente onde corriqueiramente se pratica a prece e se aprimoram conceitos de nobreza moral. Sem o substrato psíquico que os sustentava, os enfermos, que na maioria das vezes desconhecem sua indigência espiritual, encontravam-se desorientados. Foram os três carregados com carinho para junto dos médiuns que lhes serviriam de porta-vozes.

Com a interpenetração de substâncias psíquicas[4], a baixa qualidade das mentalizações que caracterizava os comunicantes desencarnados interferia no campo psíquico dos encarnados de maneira atordoante. É comum muitos médiuns nestas situações apresentarem descontrole emocional, algumas vezes sentindo-se adormecer, noutras explodindo em pranto, ou mesmo, com menos disciplina mediúnica, deixarem-se levar pelo uso de termos vis. Essa atitude é um efeito automático que caracteriza todos nós, o próprio automatismo fisiológico nos impele a essas atitudes: é uma forma de dar vazão àquilo que nos perturba.

Apresentando mediunidade psicofônica em diferentes graus de consciência, os três encarnados escolhidos para a atividade se deixaram deslocar parcialmente para fora do veículo físico, colocando-se sobrepostos a seus corpos, somente alguns centímetros. Essa proximidade era suficiente para inibir a ação descontrolada dos manifestantes, pois o contato com o ectoplasma (fluido nervoso) dos encarnados despertaria neles as sensações corporais, no que recobrariam a lucidez, e com ela seus objetivos egoístas.

A equipe desencarnada que tomava providências junto às atividades monitorava os médiuns para que tivessem pouca

---

[3] A adoção deste termo não dá conta da complexidade do fenômeno, mas na falta de um vocábulo que nos pudesse acrescer mais qualidade à comunicação continuará sendo utilizado. Não se prendam de maneira alguma a preciosismos com relação às palavras utilizadas; há muito mais valor na essência das idéias transmitidas.
[4] André Luiz, em sua magistral obra, aborda a questão das larvas mentais, elementos intrusos que invadem o psiquismo de um hospedeiro e, que têm sua gênese no desregramento das construções mentais, na maioria das vezes, produzidas inconscientemente pelo espírito.

consciência dos eventos dos quais se fariam intermediários. Preservavam-se os emissários do amor das maiores angústias que motivavam os sentimentos conflitantes dos espíritos enfermos que nos visitavam. A troca psíquica com esses desencarnados propicia aos médiuns acréscimo precioso de seu vocabulário evolutivo, visto que convivem com muitos dramas que não são na intimidade seus, mas os sentem como se fossem. Aprendem sem terem vivenciado, muitas vezes, o mesmo equívoco dos desencarnados, acumulando experiência para melhor se conduzirem no futuro.

As informações espirituais chegavam ao cérebro dos médiuns sensibilizando as estruturas do sistema límbico. Essas informações codificadas viajavam aos centros corticais onde eram interpretadas, sendo, então, exteriorizadas de acordo com o entendimento dos envolvidos. Quanto mais experimentado o medianeiro, quanto maior o seu vocabulário psíquico (conhecimento de si mesmo, de suas emoções) e maior seu vocabulário cultural, mais fácil será a elaboração coerente das manifestações espíritas. Estudar a si mesmo e as ciências hodiernas é questão de prioridade a todos aqueles que se propõem lucidamente a contribuir na seara cristã.

Numa explosão de desequilíbrio emocional os três desencarnados, um a um, passaram a comunicar suas intenções.

– Como ousam nos subjugar desta forma? Falam em livre-arbítrio e nos tolhem a liberdade de ação? – exclamou irado um dos desencarnados que se apresentava como um dos líderes do agrupamento trevoso.

Em nossa esfera de ação, percebíamos que o comunicante desencarnado sacudia-se, tentando aumentar sua atuação sobre o encarnado que lhe emprestava parcial controle motor para efetivar a comunicação. Estávamos diante de um duelo psíquico: a vontade agressiva de um era subjugada pela ação mental do médium, que recebia grande aporte de seus companheiros e tutores desencarnados. Os fluidos ectoplásmicos exteriorizados pelos servidores encarnados carregavam diretrizes volitivas que freavam os ímpetos do primeiro desencarnado que se manifestava. Essa agitação por parte do comunicante não era percebida na esfera mais densa.

O dirigente encarnado, sob intuição ostensiva de Atanásio, permaneceu em silêncio, aguardando que todos os desencarnados estivessem em condições de interagir no diálogo. Enquanto isso, as manifestações, tal e qual ocorriam aos sentidos dos encarnados, eram transmitidas à comunidade espiritual que se agitava no lado de fora da instituição. Aproximadamente trinta componentes esperavam o desfecho da vindita que desejavam impor à sua vítima, albergada por nós.

O segundo manifestante irrompeu o silêncio bufando:

– O que se passa? Quem teve a coragem de intervir em nossas intenções? Exijo que devolvam o que nos pertence!

Da mesma maneira que acontecera antes, a agitação que notávamos por parte do desencarnado não repercutia livremente sobre o médium. O terceiro manifestante, empolgado pelas exigências de seus companheiros, conseguira iniciar sua manifestação acertando um murro na mesa.

– Seus tolos! – gargalhava. – Não sabem com quem estão se metendo!

Interessante para nossa observação que este terceiro manifestante era o que menos agitado e agressivo se apresentava em nosso meio. Foi, porém, o que mais liberdade encontrou para se manifestar exteriorizando agressividade.

Os encarnados com melhor percepção mediúnica haviam sido eleitos e se prontificado ao serviço. Compreendendo as dificuldades que caracterizavam a cada um dos envolvidos, os responsáveis pela atividade optaram por dispor o espírito menos agressivo junto à médium com menor disciplina e controle da manifestação. Esse terceiro canal de comunicação apresenta dificuldades pessoais que interferem em sua doação ao serviço no centro espírita, ocasionando uma possibilidade de maior influência por parte dos desencarnados em situação de desequilíbrio.

* * *

Cabe aqui um comentário à parte. Costuma-se radicalizar quanto à produção de fenômenos ditos anímicos por parte dos médiuns. No entanto, essa prevenção se deve à nossa falta de conhecimento sobre como se processa o intercâmbio mediúnico. Segundo a classificação de Aksakof, há o personismo, caracterizado pelas manifestações pessoais provenientes de nossa intimidade; há o animismo, que seria a manifestação espírita na qual se descarta a comunicação por parte de um agente espiritual externo; e o mediunismo, em que se enquadrariam os fenômenos de intercâmbio com participantes inteligentes desvinculados da matéria densa.

Acontece, porém, que não existiria manifestação mediúnica se não fossem preenchidos seus requisitos básicos. Se o médium não puder acessar seu patrimônio cultural e sua capacidade de raciocínio, conquistados a muito custo ao longo de várias reencarnações, ele seria totalmente incapaz de traduzir em um pensamento coerente as vontades comunicativas dos espíritos. Da mesma forma, se não pudesse o médium ingressar na esfera da intuição, portador de sensibilidade mais refinada para acessar sua intimidade e a esfera espiritual, também não seria acessível ao contato com os desencarnados que o procurassem. O resultado é que somente existe manifestação mediúnica se existirem as possibilidades sensitivas refinadas que Aksakof classificou como personismo e animismo, que são faces da mesma moeda.

Prendendo-se a conceitos superficiais, o movimento espírita tem tratado com excessivo rigor a falta de melhores condições de interpretar a mensagem que nos chega, seja proveniente da espiritualidade ou da própria intimidade dos envolvidos. Combate-se a falta de disciplina educacional com o uso do rótulo negativo ao invés de se estimular o gosto pelo aprender, que nos libertaria. Combatemos uns aos outros, exigindo que a mudança que se opera gradualmente em muitos milênios de existência se efetive em poucos meses; esquecemo-nos de voltar nossa atenção ao egoísmo que segue dilacerando vidas, alimentando rivalidades e dissensões. Como exigir mudança radical, se somos co-autores e responsáveis por incutir valores místicos ao longo dos tempos? Ainda nos arrastamos ajoelhados, prejudicando o corpo que Deus nos ofereceu como instrumento de aprendizado para barganhar com Ele através de promessas e ver satisfeitas nossas vontades egoístas. Ao invés de indiferença, estimulemos a concórdia, a fraternidade. Se nos candidatamos ao serviço com Jesus, façamos então como ele: sirvamos aos doentes. "Foi por estes que eu vim": essa é a sua mensagem.

Se, enquanto encarnados, conseguíssemos nos dar conta de que as manifestações mediúnicas mais refinadas que recebemos são sempre, sempre mesmo, incompletas, talvez nos tornássemos menos intolerantes uns com os outros. Como supor que espíritos que se encontram em um grau mais desenvolvido de compreensão conseguiriam transmitir suas mensagens com fidedignidade a ponto de serem tidas como livres da necessária interpretação dos envolvidos? O sábio se expressa da mesma forma entre sábios e analfabetos?

* * *

A conversa entre encarnado e algozes seguira por mais alguns minutos, no que alguns esclarecimentos foram fornecidos. O interesse da atividade era arrefecer os ânimos, liberando parcialmente os envolvidos das amarras em que se enrodilhavam. Somente o terceiro comunicante, aquele que se expressara da forma mais agressiva aos olhos dos encarnados, aceitara o convite de permanecer no local e tentar modificar seu comportamento. Os outros dois, após algumas orientações e avisos por parte da equipe de servidores desencarnados, receberam autorização para seguirem seus caminhos. Houvera cultivo de valores morais na intimidade de todos eles. Mesmo não estando em condições de perceber a extensão do convite que se lhes dirigia, o sentimento fraterno e a igualdade no tratamento os colocariam para pensar nos momentos em que amadureceriam pelas aflições que se auto-infligiam. As portas estavam abertas, e permaneceriam assim eternamente, como os braços do Cristo a esperar o nosso despertar.

12
Oportunos Esclarecimentos

Apesar de finalizadas no contexto da esfera densa, as atividades de auxílio seguiam intensas em nosso meio de ação. Poucos encarnados continuavam entre nós, arrumando as dependências após mais uma noite de atividades.

Contribuíamos, igualmente, na assistência aos necessitados. Estes continuavam em número bastante grande junto a nós. Algumas horas de serviço seguiram até que tivéssemos a oportunidade de comentar as ocorrências da noite. Já era madrugada quando Castro veio se juntar a nós.

— Então, o que acharam? — indagou sorridente. Castro nos nivelava a ele, em condição de plena igualdade. Apesar de ser nosso monitor não nos fazia sentir esta situação.

Antes que pudéssemos responder a seu apelo, João Pedro, também estampando no rosto sorriso de satisfação pelo dever bem desempenhado, aproximara-se, formando diminuta assembléia.

Anna tomou a palavra para responder a indagação de nosso instrutor.

— Só temos a agradecer, e creio que posso fazer destas as palavras de todos, pela oportunidade que nos foi ofertada nesta noite de aprendizado. Acompanhei extasiada o sublime intercâmbio de potencialidades divinas entre os envolvidos. A misericórdia divina presenteou a todos com estimulantes evidências de sua suprema bondade.

– A verdade é que somos estimulados a todo instante, independendo do local onde estejamos. Costuma-se supor que precisemos estar em um núcleo religioso para estarmos próximos de Deus. Sendo autor da Vida, vivemos em comunhão com o Criador. Mas, infelizmente, ainda são poucos os que realmente se apercebem desta possibilidade. Seguimos surdos e cegos aos convites de renovação que nos são feitos – concluiu Castro.

– A mediunidade seria a expressão máxima do canal que nos permite assimilar valores renovados desta moral atemporal? – acrescentei, ansioso pela resposta.

– Sem dúvida alguma. A mediunidade, como compreendida atualmente, é fonte sublime de aquisição de novos valores educacionais aos espíritos em evolução; tornou-se uma janela para os valores do espírito. No entanto, a suposição de ter nela somente mais um canal sensível, como se a mediunidade pertencesse à classificação dos sentidos ordinários do corpo físico, resume demasiadamente a sua magnitude. Ampliando o conceito de mediunidade, não a restringindo somente à possibilidade de comunicação com os desencarnados, vamos tê-la na conta de principal mola propulsora de nossa evolução. É pelo toque divino que o espírito se põe a vibrar agregando valores a suas experiências adquiridas. Sentimos a mediunidade integralmente, independente de órgãos ou regiões específicas para sua manifestação; sentimo-nos parte do todo e compreendemos que o todo faz parte de nós. Foram muitos os místicos que em suas experiências extáticas alcançaram, ainda que reduzidamente, esta compreensão. Elevando a mediunidade à condição de faculdade sensível essencial do Ser, passaremos a entender sua função de motivação no desabrochar de novas expressões íntimas de Amor transcendental. A visão valiosa, mas limitada, de compreender a mediunidade como faculdade de expressão de inteligências desencarnadas coloca-a de forma restrita enquadrada nas concepções das filosofias espiritualistas.

Sem conceder privilégios, Deus a cultiva no recesso do espírito, mesmo sem atingirmos tal compreensão, convidando-nos a todos para a infindável edificação interior.

    Não quero que me compreendam mal, mas na verdade tais expressões de sublimidade são ainda inacessíveis em nossa condição evolutiva. Nossas palavras, nesse sentido, são costumeiramente interpretadas na conta de crenças primitivistas do misticismo oriental. A humanidade evoluiu apoiada em dupla base no que diz respeito a construções de valores espirituais. Por um lado, vemos um ocidente racional, apoiado nos sentidos materiais, que deu margem a uma polarização cética em termos de espiritualidade. Na outra face, encontramos a subjetividade sensível oriental, que construiu seu conhecimento espiritual sobre bases intuitivas, propiciando uma fé pouco compreendida na qual a prioridade é sentir por si mesmo. Durante milênios tais crenças nos pareceram contraditórias, de impossível reconciliação. Mas é no alvorecer deste milênio que tais correntes estabelecem seus primeiros diálogos, encontrando correspondentes teóricos e empíricos em ambos os lados. Vem sendo a ciência a mediadora deste diálogo. A humanidade começa a amadurecer espiritualmente a ponto de sentir e de compreender o que sente. A Doutrina Espírita traz valores essenciais para tal entendimento, no entanto, também não é ela a fonte sublime da verdade. Muito longe estamos de compreender verdades. A fé e o raciocínio haverão de efetivar novas aquisições em conjunto, e é a partir desta concepção e do respeito a todas a formas de crer que a humanidade será promovida à nova compreensão existencial.

    Castro nos espantara com tamanha inspiração. Não o havíamos visto falar desta forma ainda. Parecia vislumbrar algo muito distante de nossa modesta compreensão.

    Alguns segundos de silêncio se passaram até que Rudolph tomou a palavra.

– Fiquei curioso com as sensações expressadas por grande parte dos médiuns antes do início das atividades. Relataram dores e aflições. Pode a sensibilidade mediúnica dar margem a tais ocorrências?

Desta vez foi João Pedro que pediu a palavra para responder.

– Como sabe, para efetivarmos expressões de intercâmbio mediúnico com os médiuns encarnados também necessitamos ser médiuns. Esta faculdade sensitiva, valor desenvolvido no espírito, nem sempre atinge sua maturidade com relação ao organismo biológico por ocasião da reencarnação, mas se encontra sempre latente nos refolhos da alma.

Sendo assim, a possibilidade de assimilarmos influências espirituais existem, quer estejamos desencarnados ou envergando o corpo denso. Essas influências dependem das companhias que convidamos a conviver conosco através de pensamentos e atitudes. Com relação aos médiuns, que exercem suas atividades disciplinadamente, a presença destes companheiros enfermos é consentida.

Em nada, portanto, poderemos responsabilizar os espíritos desencarnados pelas sensações que assimilamos enquanto médiuns. Não estamos em condição de nos imunizar por completo de tais sensações, que podem nos parecer incômodas se mal interpretadas. Caso estivéssemos em condição superior de evolução, tais possibilidades de auxílio ficariam muito prejudicadas, pois haveria dificuldade de sintonia entre os envolvidos.

Cabe ressaltar que a vivência mediúnica é fator de desenvolvimento altruísta, condição básica de compreender as lições profundas de Jesus. Sem doar de nós mesmos não conseguiremos, por maior que seja nosso esforço, refletir refinadamente sobre o Evangelho do Cristo. Não podemos nos equivocar imaginado serem os médiuns encarnados seres alheios aos comprometimentos evolutivos e reencarnatórios. A grande maioria reencarna amplamente endividada, envergando a mediunidade como ferramenta para exemplificação corretiva de desvios passados. Em verdade, muitos são os que recebem a possibilidade de experimentar aflições alheias, sentindo o gosto amargo de dores que provocaram a outros em experiência pretéritas, fortalecendo cabedal de aquisições espirituais para experiências futuras.

É a consciência maculada que pleiteia tranqüilidade buscando minorar o sofrimento alheio antes de amadurecer para a compreensão de que a caridade é a porta estreita da qual nos dava conta Jesus. Por nossa condição evolutiva, é ainda muito comum responsabilizarmos os outros pelos deslizes que cometemos; fazemos enorme esforço por procurar ver o lado negativo do processo de aprendizado. Se ainda sofremos, enquanto médiuns, com a presença espiritual alheia é porque ainda mantemos nossas raízes na zona do "EU". Quando amadurecermos entenderemos, como muitos outros já o compreenderam, que existe enorme satisfação e alegria em doar de si pelo alívio do sofrimento alheio.

– Existindo, então, a possibilidade de interferência por parte dos espíritos desencarnados no campo emocional dos encarnados, poderá ser creditado ao exercício mediúnico a responsabilidade por desequilíbrios mentais? – indagou novamente Rudolph.

Castro interveio tomando a palavra:

– Durante o século dezenove este argumento foi amplamente debatido e lançado como interdição ao movimento espírita. No entanto, pelo esforço de Allan Kardec e a orientação segura dos espíritos responsáveis pela codificação da Doutrina Espírita, tal afirmativa foi categoricamente rechaçada. Os espíritos codificadores foram contundentes ao afirmar que o germe da doença, seja ela mental ou não, não se encontra nas disposições biológicas, e sim na individualidade. Desta forma, a faculdade mediúnica não pode ser responsável por um desequilíbrio que tem raízes no ser inteligente, ou seja, no próprio espírito encarnado. O Espiritismo é tão responsável por induzir seus profitentes ao desequilíbrio quanto qualquer outra crença o é.

Proeminentes estudiosos já atestaram a qualidade da saúde mental por parte dos médiuns espíritas que desempenham disciplinadamente suas funções mediúnicas. Os resultados, atualmente, têm apontado para um equilíbrio mental, por parte desses médiuns, acima da média populacional se comparados com indivíduos ditos "normais".

Importantes estudiosos da ciência psicológica dedicaram-se ao estudo do fenômeno mediúnico. Freud, Jung, Janet, James e Myers, só para nomear alguns, detiveram-se a refletir sobre a questão. Céticos, não foram além da visão limitada do preconceito científico, no entanto, lançaram o mediunismo no fechado círculo acadêmico.

Frederic Myers, um dos fundadores da Sociedade para Estudos Psíquicos de Londres, chegou a admitir a possibilidade lógica com relação à interferência de espíritos desencarnados sobre a comunicação dos médiuns estudados. Concluiu que as investigações nesta área possuíam enorme complexidade. Uma mesma comunicação mediúnica poderia conter elementos da mente do próprio médium, e elementos telepáticos (como chamou), tanto de encarnados como do espírito desencarnado comunicante. Essa consideração expressa fielmente a forma como se processa o fenômeno mediúnico.

Mais adiante encontramos outras referências que se detêm a analisar o fenômeno mediúnico e a busca espiritual da humanidade. É o mesmo Jung, comedido ao abordar a mediunidade, que afirma que o inconsciente não seria um mero depósito psicobiológico de tendências instintivas reprimidas. Delegou a essa zona a função de princípio ativo inteligente que ligaria o indivíduo a toda a humanidade, a natureza e ao cosmos. Muito de sua visão transcendental adveio do interesse pela física moderna, em seus encontros com Einstein e Pauli, este último com quem escreveria ensaio conjunto.

No rastro deixado por essa visão junguiana podemos acrescentar, de certa forma, a idéia de uma ordem superior atuando sobre nossa individualidade, a presença de Deus em nós, expressado nos conceitos de arquétipo e o que Jung chamou de inconsciente coletivo.

Tanto é verdadeira essa premissa, que Jung tinha convicção de que o elemento espiritual é uma parte integrante da psique (a personificação da alma no pensamento grego). Via a busca humana pela espiritualidade como algo natural; o inconsciente coletivo nos impulsionaria a essa busca, que independeria dos condicionamentos que houvéssemos recebido na infância, por parte da cultura e da educação. Concluíra que os elementos espirituais emergiam espontaneamente na consciência.

É na atualidade que a ciência psicológica se aproxima da espiritualidade com sua vertente transpessoal. Já se crê, por essa linha da psicologia, que a consciência pode ser mais bem explicada quando descrita por místicos e físicos modernos do que pela psicologia acadêmica.

Maslow, Stanislav Grof, Walsh, entre outros, atualmente afirmam que estados alterados de consciência, onde incluímos a mediunidade, não somente são naturais, como também necessários ao bem-estar do indivíduo após certo grau de amadurecimento cognitivo.

Essas idéias permeiam o meio científico. Sem resposta para as principais indagações contemporâneas, o preconceito acadêmico cede aos poucos, voltando-se para os argumentos lógicos da espiritualidade que surge como esperançosa alternativa. A reencarnação, quando aceita como novo paradigma nas ciências biológicas, transformará o nosso modo de compreender toda a realidade em que nos situamos. A ciência receberá importante propulsão em seu desenvolvimento com esses achados.

Após alguns instantes de reflexão, Castro seguiu comentando:

– O que produz loucos é o egoísmo. Nossas atitudes equivocadas, centralizadas em comportamentos egoístas, acabam por romper as barreiras psíquicas sendo por nós extravasadas em complexos desequilíbrios de toda ordem. Essas transformações nada mais são do que a construção íntima que produzimos influenciando a zona exterior onde nos manifestamos conscientemente. São experiências expiatórias que nos valem como medicamentos para a alma.

As atividades da instituição haviam declinado de intensidade permitindo que Atanásio se juntasse a nós. Apresentou-se entre nós com solicitude, colocando-se à disposição para qualquer dúvida em que nos pudesse ser útil. Não nos fizemos de rogados e prontamente iniciamos os questionamentos.

– Caro amigo, estávamos ainda há pouco refletindo sobre a questão de que o exercício da mediunidade nada tem de responsabilidade com relação ao declínio das faculdades mentais dos médiuns. No entanto, ainda gostaria de escutar suas idéias com relação às influências obsessivas no que se refere ao mesmo problema, ou seja, prejuízo à saúde mental – questionou Anna, sempre elegante no seu linguajar, dirigindo-se ao responsável pelos serviços que houvéramos presenciado.

– Queridos irmãos, sinceramente não me julgo com grandes credenciais para desenvolver esse tema, mas se posso oferecer algo, faço-o prazerosamente. A observação constante dos extensos dramas obsessivos que nos chegam ao conhecimento todos os dias muito tem contribuído para nosso amadurecimento espiritual.

Trazemos em nossa intimidade o estofo psíquico que nos caracteriza. Tais impressões são constatáveis se observadas com a possibilidade de que ora nos revestimos. Por maior que seja a hipocrisia e o verniz social com que nos maquiamos enquanto encarnados, não conseguimos esconder quem realmente somos. Inúmeros infelizes adentram diariamente os umbrais de nossa instituição dizendo-se vítimas de "encostos", palavra popular de que se utilizam sem conhecimento de causa. As leis de afinidade que a Doutrina Espírita nos explicita afirmam a responsabilidade que cada um de nós carrega com relação aos dramas que alimentamos.

Quando conscientes dessa responsabilidade, imenso contingente de sofredores contrariados partem em busca de outra alternativa de socorro, preferencialmente um lugar onde se diga a "verdade" que se deseja ouvir.

É nesse imenso contexto que encontramos as agressões recíprocas de irmão para com irmãos, em elaborada malha de afetos enfermos, caracterizando as tão citadas obsessões.

Dedicando-nos a reflexões mais profundas conseguiremos compreender que jamais o mal age externamente, visto que é sempre uma conseqüência, e não uma causa. Usando da projeção psicológica delegamos aos outros a responsabilidade pelo que passamos, tornando mais apertado o ciclo vicioso em que nos debatemos.

Dessa forma é sempre a própria individualidade que se martiriza em sofrimentos educativos. Em verdade, é procedente afirmar que a ação mordaz de um agente desencarnado sob uma "pseudo-vítima" pode acarretar prejuízo no equilíbrio mental do agente inteligente subjugado. Pode assim acelerar a exteriorização de distúrbios psíquicos, mas que somente ocorrem por causa da desarmonia que já existia na intimidade espiritual.

Nesse ponto da resposta que recebíamos olhamos expressivamente para o locutor que seguia:

– Somos conscientes do quão limitada é a nossa visão com relação à enfermidade quando ainda nos encontramos muito apegados a aspectos transitórios. Neste aspecto indago: quanto tempo mais levaria o encarnado sob ação obsessiva para exteriorizar os aspectos obscuros de sua individualidade se não houvesse o choque

que somente a dor tem elementos para produzir devido a nossa condição evolutiva? O que caracterizamos como prejuízo, em se expandindo a maneira de observar, torna-se vantagem. Deveríamos, então, se considerarmos esse aspecto, procurar as aflições?

Sem nos possibilitar tempo para responder seguia Atanásio:

– Evidentemente que não. A dor somente surge após muitos avisos e convites ignorados. Ela nada mais é que a conseqüência de nosso próprio modo de ser. Todas as aflições resultam de nossa convivência íntima e interpessoal, sendo o resultado obtido em função do estado de maturidade dos envolvidos. Não há nisso a deliberada ação divina, como muitos, irresponsavelmente, acusam.

Pensando sob este enfoque não vejo como enquadrar a obsessão como elemento responsável pelo surgimento de doenças mentais. Há um dito popular que afirma que onde existe podridão, insetos se avolumam ao redor. Eles agem conforme sua compreensão atual contribuindo, mesmo que inconscientes, para a higiene possível.

– Como vê o trabalho crescente que objetiva acrescentar o vasto campo das influências espirituais entre os estudiosos das questões psicológicas? – indaguei por minha vez.

– Louvável a intenção destes desbravadores. Tenho andado a par dessas inúmeras tentativas e conheço o trabalho de alguns pioneiros neste campo. A experiência tem nos demonstrado que grandes avanços serão alcançados com a efetivação desses estudos, alargando as possibilidades terapêuticas para os encarnados. Porém, devemos destacar que de forma alguma devemos colocar os espíritos como principais responsáveis pelas enfermidades no campo da psiquiatria. A constatação dos dramas obsessivos será fundamental para a transformação de nosso entendimento com relação ao tema; no entanto, não será o fim da questão. Aqueles que seriamente estudam a Doutrina Espírita compreendem que a descoberta e remoção do agente obsessor não coloca fim ao problema. Se não conduzirmos o personagem enfermo a uma reforma moral, inevitavelmente continuará a irradiar campo desarmônico, foco que, se não sanado pelo amor, sofrerá sob o grilhão da dor.

Atanásio olhou significativamente para nosso instrutor como se estivesse a solicitar permissão para nos falar, no que foi atendido e seguiu dizendo:

– A ciência nos enfatiza que somos produto da soma daquilo que trazemos para o mundo através de nossa genética com aquilo que o mundo nos ofertou. Não haveria equívoco nesta afirmação se acrescentássemos que, inerente a esses fatores genéticos, encontra-se a ascendência espiritual, porque o espírito é o senhor dos genes. Assim como não incorreríamos em erro se admitíssemos que o mundo já nos haveria de ter possibilitado outras experiências encarnatórias. Somos a soma de tudo o que já vivemos na integralidade enquanto espíritos.

Possuímos o hábito científico de querer classificar apressadamente todos os problemas de ordem mental, em uma tentativa de tornar racional e lógico aquilo que não conseguimos compreender por conta de nossas limitações. A falsa ilusão de atribuir nomes aos fenômenos com que nos deparamos nos induz a uma equivocada sensação de controlar o que nos é ainda desconhecido. A verdade é que a mente e sua significação para a vida ainda nos é incompreensível.

Precisamos admitir humildemente que tudo aquilo que já descobrimos ainda não nos elucida os pontos mais primordiais da realidade em que vivemos. Talvez alguns estudiosos dos fenômenos psicológicos me entendam mal por estarem excessivamente corrompidos pela fria metodologia científica mecanicista, que enxerga muito pouco além de seus preconceitos. O que quero dizer é que estudamos ainda aspectos muito restritos da realidade, que pouca noção nos oferecem do esquema maior. Apoiados na falsa concepção de que a matéria é algo denso, visualizamos o cérebro como sendo resultado da agregação de elementos estáticos, quando a "dama das ciências" nos diz que matéria é energia em diferentes estados constitutivos. Faz-se imprescindível uma mudança paradigmática para melhor compreensão dos fenômenos que nos defrontam.

"É fato comprovado que ninguém vê, ouve, percebe odores com o córtex cerebral. O que ocorre no córtex é a elaboração superior dos impulsos aferentes oriundos das células dos sentidos. Ora, esses impulsos nervosos passam preliminarmente pelos centros subcorticais, onde são codificados. Ao atingir o córtex são transformados, inicialmente, em sensações simples que são, em seguida, submetidas aos complexos mecanismos de formação das percepções. Aí entram em ação a memória, os afetos, os juízos, as representações, etc., num processo inteiramente automático. Assim, a percepção mediúnica seguirá basicamente o mesmo padrão, com a diferença que os estímulos seriam de natureza extrafísica e incidiriam diretamente nas estruturas subcorticais, dispensando os órgãos dos sentidos, sendo por esse motivo também chamada de percepção extra-sensorial."[1] Qual a impossibilidade então, de a manifestação ser proveniente do espírito encarnado ou do desencarnado se ambos o fazem de maneira semelhante? São como locutores utilizando um mesmo receptor radiofônico.

Bezerra de Menezes afirma em *Loucura e Obsessão*, trazida a lúmen pelo espírito Manoel Philomeno, que afetando o equilíbrio da energia espiritual que constitui o ser eterno, a consciência individual imprime, nas engrenagens do perispírito, os remorsos e turbações, os recalques e conflitos que perturbarão os centros do sistema nervoso e cerebral, bem como os seus equipamentos mais delicados, mediante altas cargas de emoção descontrolada, que lhe danificam o complexo orgânico e emocional.

---

[1] *Trecho extraído do livro: Psiquiatria e Mediunismo, de Leopoldo Balduíno. Preferimos nos utilizar de citações para não perder o conteúdo por conta de limitações mediúnicas.*

Migrando do inconsciente espiritual, pela diversidade que possuímos na forma de interpretar as informações que nos chegam, aliado ainda à nossa imaturidade evolutiva, podemos compreender o simbolismo das manifestações mediúnicas e mesmo das manifestações de muitas enfermidades mentais.

Resta-nos o empenho em seguir estudando quem realmente somos, compreendendo que a necessidade de adquirir maior bagagem intelectual e emocional nos capacita para decodificar as mensagens complexas que nos chegam invariavelmente provenientes dos arcanos do psiquismo de profundidade. Que por sua vez, podem manifestar-se como fonte de distúrbios variados ou de sublimes conquistas[2].

Infelizmente nossa conversa chegava ao fim. O dia já clareava e nossos anfitriões necessitavam se retirar em função de outros afazeres inadiáveis. A sós com Castro, repassamos algumas observações colhidas durante a estada junto àquele agrupamento. Discutimos nosso roteiro de estudos e nos dirigimos para o local da próxima vivência.

Que grande escola é a vida, acolhendo a todos sem distinção alguma! Desejar aprender é imprescindível passo para conquistar a liberdade autoconsciente.

---

[2] *Por estes mesmos aspectos se pode refletir sobre a complexidade das variações mediúnicas que encontramos diariamente, compreendendo a necessidade do estudo constante que os orientadores espirituais sempre nos aconselham.*

13
Indigentes do Espírito

Por inúmeras vezes nos deixamos levar pelo imediatismo de nossos anseios. Carregados de sentimentos egoístas resvalamos na revolta contra Deus quando não somos atendidos em nossas excentricidades. Ao nos opormos à harmonia divina, que nos ama incondicionalmente, candidatamo-nos ao aprendizado através do sofrimento. Virando nossa face à luminosidade das leis divinas, mergulhamos na escuridão de nossas paixões insaciáveis.

Seguimos atrelados ao primitivismo de nossas almas, degustando o sabor pouco convidativo de nosso irresponsável cultivo. Deixando nos guiar por impulsos e paixões na busca tresloucada por prazeres ilusórios, adiamos constantemente o refrigério para nossas aflições.

Que belo alvorecer aguarda a humanidade no dia em que nos habituarmos ao perdão e ao cultivo da fraternidade! Somos incentivados a minimamente compreender o receituário profilático do Evangelho do Cristo. Se no passado nos inspiravam o medo e o fantástico, hoje nos falam à razão. É chegado o momento de empreendermos esforço maior no sentido de nos fazer valer da condição intelectual que atingimos.

A vontade opera prodígios onde a fé firmou suas raízes. Deus se faz sentir entre conceitos do raciocínio elevado. A vida nos indica um caminho de estrelas que, antes de figurarem nos céus, residem em nossa consciência transcendente.

∴

Deslocamo-nos a movimentado centro urbano, cidade de crescimento desordenado que, como a imensa maioria, não dava conta de assimilar aqueles que não se adaptavam aos padrões sociais que a caracterizavam, legando às ruas o fruto dessa inadaptação. Percorremos as avenidas centrais da metrópole acompanhando as habitações improvisadas que se erguiam sob as sombras da falência econômica. Enorme contingente de famílias se espremia debaixo de viadutos, aquecendo-se com jornais e animais de estimação.

Parecia-nos que estes animais domésticos apresentavam muito menos indiferença com a situação que constatávamos do que as pessoas que circulavam por ali preocupadas consigo mesmas.

Seguimos Castro, visitando indigentes de toda espécie. O número de desencarnados era igualmente grande, pois muitos espíritos continuavam com os mesmos hábitos ao desencarnar. Alguns abnegados servidores da espiritualidade se desdobravam em atividades de auxílio aos necessitados, ora plasmando pratos de sopa, ora um cobertor, ofertando compreensão e, por vezes, emprestando um ombro amigo a quem sente solidão.

Alguns desses moradores de rua desencarnados, tratados pacientemente com muito carinho, deixam-se conduzir a núcleos socorristas. Infelizmente, a incompreensão por parte dos socorridos era obstáculo difícil de ser transposto sem o concurso de largo tempo e muito diálogo. Os poucos que se deixavam auxiliar não apresentavam boa disposição para se adequar à disciplina necessária ao refazimento, preferindo, em sua maioria, retornar às ruas.

Em comunhão mental com os encarnados com os quais se identificavam seguiam longo período até se convencerem da necessária mudança.

Pudemos constatar que muitos destes irmãos solicitavam tóxicos, álcool e cigarros aos desencarnados, que procuravam auxiliá-los. Continuavam reféns dos vícios que praticavam quando vinculados ao corpo físico. Presos em complexo ciclo vicioso não poderiam dispensar concurso de desintoxicação gradual para encontrarem maior liberdade de ação, e para tanto a vontade pessoal era requisito imprescindível.

Tais recursos tóxicos são, além de recurso nutritivo, a única fonte de prazer para muitos desses irmãos adoentados, que os utilizam como meio de fuga da dura realidade que vivem. Esses hábitos encontram-se enraizados no psiquismo do espírito, apresentando um difícil panorama de modificação em curto prazo.

A condição social aliada ao vício provoca complexo ciclo vicioso e essa dificuldade ficava evidente para nós nessas observações que realizávamos: desencarnados em amplo processo vampirizador atuando sobre o desejo e a vontade de muitos encarnados dependentes dos mesmos vícios.

Em outros tempos me pareceria estranho constatar que dois encarnados dividiam sua bebida com outros seis desencarnados, sem a menor consciência desta relação intensa. Apesar de não conhecerem as minúcias do processo simbiótico em que se coadunavam, conseguiam atingir êxito nos objetivos gerais de saciar sua vontade controlada pelo vício.

∴

Castro socorreu-nos em nossa curiosidade:

— Ainda soa estranho aos encarnados, principalmente, a possibilidade de se imaginarem dividindo alimentos e outras substâncias que consomem com espíritos desencarnados. É preciso compreender, no entanto, que nosso corpo físico, através da produção de energia para a sustentação orgânica, assimila elementos de uma bioquímica semi-material dos alimentos que consome, mecanismo que se irradia integralmente sobre o metabolismo celular, caracterizando o que denominamos de "duplo etérico".

Este envoltório energético é dirigido em sua formação pelo

comando mental do espírito, que dirige instintivamente as atividades celulares. A falta de eqüilíbrio apropriado por parte da conduta mental dos encarnados os impossibilita de impor maior restrição às companhias que os circundam, permitindo a vinculação com entidades espirituais que atuam como verdadeiros parasitas.

– Parece-me que os espíritos que se aproveitam dos fluidos ectoplásmicos dos companheiros encarnados não se apercebem da parasitose em que agem – comentou Rudolph.

– Na realidade, por se tratar na imensa maioria de espíritos ainda muito apegados a concepções do mundo corporal, apresentam relativo desconhecimento da situação em que vivem. Existem infelizes companheiros que demonstram não possuírem o menor desejo de deixar os vícios, o que os condiciona a amadurecerem através das conseqüências de sua própria conduta, com reflexos em posteriores oportunidades reencarnatórias. Existem ainda os espíritos que possuem amplo conhecimento com relação ao mecanismo das parasitoses espirituais e que se aproveitam da condição de alienação alheia para perpetrar seus desejos de desforra.

No quadro que particularmente observamos certamente haverá complexas razões íntimas com raízes no passado a levarem o estabelecimento de tais relações, mas não devemos mergulhar nessas questões sem apresentarmos condições de auxiliar eficientemente.

– Lembro que assisti estudos em determinado núcleo espírita onde os participantes encarnados se questionavam quanto à satisfação que os espíritos desencarnados encontravam em elementos materiais, como a ingestão de bebida alcóolica – acrescentei na expectativa de ouvir a resposta de nosso intrutor.

– A ciência humana pouco sabe, ainda, sobre a relação que ocorre em tais processos, visto que sequer a realidade do mundo espiritual foi aceita contundentemente. Nós mesmos, enquanto desencarnados e apesar do estudo a que nos propomos, também não estamos cientes do complexo mecanismo desta interação dimensional em suas particularidades. Apesar disto ela é constatável; basta ver os fenômenos de efeito físico.

Nós estamos habituados a estudar as questões de interação entre as dimensões sob o ponto de vista do mundo material, ainda muito apegados a conceitos de curto alcance quanto à realidade e extensão dos fenômenos. Devemos atentar para o fato de que os espíritos desencarnados encontram vinculação psíquica com os hospedeiros, em intercâmbio mediúnico desregrado. Isso os coloca em condições de permutar das sensações que os encarnados desfrutam quando da ingestão de bebidas, alimentos ou outras substâncias. Não devemos estranhar esse fato, visto que o fenômeno de manifestção mediúnica, tão estudado pela Doutrina Espírita, vale-se do mesmo princípio. É o envolvimento psíquico do comunicante sobre o médium que permite que o mesmo exteriorize suas sensações. Entende-se por esse raciocínio o porquê do estímulo constante à reforma íntima, por parte dos espíritos: é o psiquismo que realiza a função de escrutinador das companhias que conosco se afinam.

Anna aproveitou a oportunidade:

— Esse ectoplasma que os desencarnados buscam para alcançar a satisfação de sensações físicas funciona nestes casos semelhantemente a doses de drogas?

Castro refletiu um pouco antes de responder.

— Anna, sabemos que o hábito que esses irmãos tiveram enquanto encarnados provocou neles uma adaptação metabólica, e que certamente tem origem em encarnações mais recuadas. O organismo foi induzido assim a solicitar a repetição da prática e o aumento das doses. O mundo celular, recebendo a informação genética dos genitores e se colocando sob a direção do espírito reencarnado, guarda em si orientação para trabalhar pela homeostase. Acontece que é o espírito que orienta o funcionamento celular. Seu psiquismo, ao fornecer diferentes diretrizes, que rapidamente são reforçadas por agentes parasitas, vai pouco a pouco desestruturando o eqüilíbrio somático e acaba por impor certas alterações ao comportamento celular, o que conhecemos por "reflexo condicionado".

Estamos diante de legítimos dependentes auto-condicionados ao vício. O envolvimento no ectoplasma do hospedeiro, essa troca fluídica e psíquica, repercute em ambas as esferas. Os encarnados apresentarão, em muitas ocasiões, falsa tolerância ao consumo devido às adaptações bioquímicas, mas também influenciados pela participação de vampiros espirituais, acarretando comprometimentos graves que deformam o molde mental que estrutura seus perispíritos.

Refletia mentalmente com relação ao triste drama em que se viam envolvidos os dependentes de tóxicos. Castro deve ter captado minhas indagações íntimas.

– Podemos enquadrar o dependente químico – dizia o instrutor – entre o numerário dos alienados mentais se partirmos da concepção de que os mesmos perdem sua capacidade de optar, posto que estejam subjugados pelo vício. A dependência é antes de tudo psíquica, poderíamos até dizer espiritual, se compreendermos que é o espírito que age sobre as funções do veículo orgânico. Há uma gradual deterioração intelectual que dificulta ao dependente conseguir localizar-se socialmente. Perde aos poucos a cognição de seu mundo íntimo e da realidade objetiva que tem origem nas manifestações exteriores.

O vício, generalizadamente, desenvolve a capacidade de auto-estimulação. A ação dos vampiros desencarnados aliando-se ao condicionamento mental do encarnado encontra repercussão no universo celular, estimulando a manutenção da dependência. O adido, termo como é conhecido o dependente nos grupos de apoio, tem muitas dificuldades de conviver com a objetividade do mundo real. Apresenta enorme intolerância à frustração, tendendo a se insular no universo fantasioso que desenvolve como "habitat" particular.

— A visão psicanalítica destaca que os fatores genéticos transmitidos pelos pais, e os elementos desenvolvidos durante a vida uterina, aliam-se às experiências obtidas na infância fornecendo base para a disposição às manifestações psicopatológicas. O que dizer disto? – indagou Rudolph.

— Admirável o esforço da psicanálise na busca por conhecer os meandros da personalidade humana. É digna de nossa admiração. No entanto, falta-lhe objetividade no sentido de não somente desvendar o problema, e sim, aliar-se ao amor para buscar o alívio de quem sofre. No que tange às limitações científicas de nossa época, essa idéia pode ser considerada exata. Apenas cabe aqui o retoque de incluirmos o ascendente espiritual sobre os genes e a realidade reencarnatória no que diz respeito ao cabedal das experiências adquiridas.

Do ponto de vista espiritual não é o fator biológico que determina a possibilidade de desenvolvimento do alcoolismo. A exteriorização mental do espírito reencarnante moldou seu envoltório aliando-se à disponibilidade genética dos pais. Porém, a filiação familiar não se efetiva sem análise minuciosa das características e necessidades particulares do ser reencarnante. Somos em realidade herdeiros de nosso passado; nele construímos as possibilidades que atualmente desposamos. O que realizarmos no presente caracterizará nossas possibilidades futuras.

— Diante da enormidade de dramas que o álcool ajuda a produzir, como envidar esforços para minimizar a questão? – perguntou Anna.

— Não sei de nenhuma fórmula mágica. Somente o esclarecimento e o trabalho árduo têm força suficiente para modificar algo. Seria fundamental que compreendêssemos que o álcool atua como depressor do sistema nervoso central. Que sua atuação aparentemente estimuladora advém da queda que produz no funcionamento dos mecanismos inconscientes responsáveis pelo controle inibitório, o que nos faz perder o freio da autocrítica.

É por isso que inúmeros acidentes automobilísticos têm um bêbado ao volante. Quem tem perda da autocrítica não consegue perceber sua incapacidade de dirigir. Precisa ser freado externamente. Na maioria das ocasiões quem faz esse papel são os amigos que possuem melhor consciência da real situação em que se encontra o motorista.

Não há benefícios na ingestão alcoólica. A pequena diminuição dos níveis de gordura (lipídios) no sangue e o estímulo ao aumento do "bom colesterol", apontado por alguns de seus defensores como vantagem, são conseguidos com melhores resultados com a prática de exercícios físicos. Sem contar que deixamos inúmeros prejuízos ocasionados pela ingestão de bebidas alcoólicas nessa troca que nos acarretará muitos benefícios.

Anna deu prosseguimento a suas dúvidas:

— Poderíamos considerar o alcoolismo uma dependência com características comportamentais de fuga da realidade?

— Está em nós a busca pelo progresso. Quando não encontramos em nossa intimidade os alicerces dessa construção, acabamos por deslocar nossos anseios de melhoria para o que está no exterior. É bastante comum criarmos um universo fantasioso para responder por estas expectativas que não conseguimos alcançar. Idealizações de projetos futuros, encontros amorosos fictícios, posição financeira ambiciosa, e outros aspectos mais. Cada um dá vazão a esses sentimentos de uma forma muito particular: alguns preferem praticar esportes de alto risco, outros preferem relações afetivas sem responsabilidade. Tais questões fazem parte de nosso amadurecimento espiritual; são possibilidades de manifestação comportamental que precisamos aprender a interpretar.

Sem excessos, evitando casos onde exista acentuada preferência por se viver na fantasia em detrimento do mundo real, isso é até saudável. Por exemplo, não há mal algum em pessoas que se utilizam da leitura como forma de desviar a atenção de algo que não conseguem confrontar na realidade objetiva. Freqüentemente é nesses momentos de introspecção que companheiros desencarnados conseguem orientá-los convenientemente. De igual maneira quem se utiliza de desenhos. As artes muito se prestam a nos auxiliar nestas questões que ainda não conseguimos conscientemente compreender.

Podemos afirmar que vivemos fugindo da realidade. De acordo com nossa capacidade de compreensão das lições que a Vida nos oportuniza, fazemos isso com mais ou menos constância. A evolução espiritual nos conscientiza disso e nos estimula a enfrentar racionalmente o que designamos como dificuldades, sem, no entanto, lamentarmos ou tornarmos isso questão doentia, posto que esse desvio de foco para uma realidade subjetiva é um mecanismo divino que age sobre nós nos propiciando maior resistência "orgânica" nos momentos de crise. Se assim não fosse, o desequilíbrio mental campearia sem remédio sobre a Terra.

O desvio para os tóxicos, lícitos ou ilícitos conforme as leis humanas, é uma dessas fugas de conseqüências desagradáveis para o espírito, e a humanidade vem se dando conta disso desejando extirpá-lo de seus hábitos.

– Pelo que posso apreender disso, os próprios vícios são manifestações exteriores da realidade evolutiva em que estagiamos – manifestou-se Anna, dando nuances interrogativas a sua afirmação.

– É por aí – respondeu nosso orientador, sorridente. – O papel da Doutrina Espírita é venturoso nesse sentido, porém, ainda pouco compreendido nessa questão. As orientações que ela nos oportuniza em suas assertivas fomentam a resignação perante as dificuldades, e ao mesmo tempo alimentam a coragem para que não nos escondamos de nossos problemas e procuremos enfrentá-los com a plenitude de nossa consciência. Percebam nas palavras de François de Genève, que constam em *O Evangelho Segundo o Espiritismo*: "Sabeis por que uma vaga tristeza se apodera por vezes dos vossos corações e vos faz achar a vida tão amarga? É o vosso Espírito que aspira à felicidade e à liberdade e que preso ao corpo que lhe serve de prisão, se extenua em vãos esforços para dele sair. Mas, vendo que são inúteis, cai no desencorajamento, e o corpo, suportando sua influência, a languidez, o abatimento e uma espécie de apatia se apoderam de vós, e vos achais infelizes". Faz ele uma reflexão sobre a melancolia, que agindo continuadamente se transforma em depressão e arroja muitas vezes o indivíduo a fugir para sua realidade subjetiva utilizando-se de drogas, por exemplo.

"Crede-me, resisti com energia a essas impressões que enfraquecem vossa vontade. Essas aspirações para uma vida melhor são inatas no espírito de todos os homens, mas não as procureis neste mundo; e, atualmente quando Deus vos envia seus Espíritos para vos instruírem sobre a felicidade que vos reserva, esperai pacientemente o anjo da libertação que vos deve ajudar a romper os laços que mantêm vosso Espírito cativo." Não faz aqui François alusão ao rompimento dos laços fluídicos que nos vinculam ao corpo material, quando fala da futura libertação de nosso Espírito cativo. Destacando com letra maiúscula a palavra Espírito, faz referência a uma libertação íntima que independe do ambiente ou da circunstância em que vivemos. Afirma-nos ainda que essa melancolia nos motiva ao progresso, ressaltando estar ela agindo em conformidade com um mecanismo natural da evolução. Faz referência clara ao papel da Doutrina Espírita quando afirma que Deus nos envia atualmente os espíritos para nos incentivarem a resignação.

E se torna mais explícito ainda: "Lembrai-vos de que tendes a cumprir, durante vossa prova na Terra, uma missão de que não suspeitais, seja em vos devotando à vossa família, seja cumprindo os diversos deveres que Deus vos confiou. E se no curso dessa prova, e desempenhando vossa tarefa, vedes os cuidados, as inquietações, os desgostos precipitarem-se sobre vós, sede fortes e corajosos para os suportar. Afrontai-os francamente; eles são de curta duração e devem vos conduzir para perto dos amigos que chorais, que se regozijarão com a vossa chegada entre eles e vos estenderão os braços para conduzir a um lugar onde os desgostos da Terra não têm acesso".

Observando este enunciado do espírito François de Genève consegue-se perceber que consta nele tudo o que lhes falei ainda há pouco. Precisamos estar preparados para enxergar além das palavras. Temos aqui o esclarecimento das leis divinas, o estímulo ao progresso pela resignação e pela coragem de se amadurecer enfrentando as dificuldades, finalizando com a promessa da graduação para novo patamar evolutivo onde o desgosto, como o compreendemos, não mais nos alcançará. Não significa afirmar que não mais habitaremos a Terra, simplesmente teremos atingido um grau de compreensão que nos imunizará de sofrer com as dificuldades como sofríamos antes.

Fiquei admirado com as palavras de Castro. Sua profundidade e ao mesmo tempo simplicidade me ofertavam material para longas reflexões. Infelizmente não havia muito tempo para divagações mais extensas. Antes de seguirmos para nosso próximo destino, fiz questão de fazer referências ao uso abundante da maconha, principalmente por parte dos jovens.

Castro considerou:

– Infelizmente, a falta de orientação aos jovens tem estimulado a adoção de comportamentos inadequados do ponto de vista moral. Busca-se instruir os jovens a respeito das drogas, mas peca-se pela falta de sinceridade e objetividade para tratar do tema.

Nas explanações onde os educadores buscam desmotivar seus ouvintes à prática de tais hábitos, têm se omitido as sensações prazerosas que o consumo de drogas tende a produzir com medo de estimular o uso. No entanto, omitindo informações que podem ser facilmente derrubadas pela própria experiência dos usuários, não se consegue atingir objetivamente o âmago da questão, sob o risco de perder-se também a credibilidade nas informações prestadas. Não se pode negar que há efeitos aparentemente prazerosos no consumo de drogas. O fornecimento dessa informação parece ser a nossa melhor alternativa, pois que possibilita principalmente aos jovens que tenham condições de fazer suas próprias escolhas conscientemente e assumindo total responsabilidade por seus atos.

A maconha, particularmente, produz alterações na percepção do espaço e do tempo, despertando sensações de entorpecimento, mas que acarretam perda da coordenação motora. Influi negativamente na capacidade de aprendizagem e memorização, prejudicando substancialmente a memória de curto prazo. Um dos principais argumentos utilizado pelos jovens usuários é o incremento da atividade sexual, o que na verdade é um engano provocado pela alteração da percepção. A maconha acarreta diminuição da motivação por parte do indivíduo, dificultando a concentração durante o ato sexual. Sem contar que o uso constante da droga pode trazer sérios prejuízos hormonais em ambos os sexos, chegando mesmo a provocar a infertilidade.

É importante salientar aos jovens que essas pequenas incursões no uso da maconha podem acarretar conseqüências funestas. Está se pagando um preço altíssimo pela falta de informação sincera e qualificada com relação ao comportamento da juventude.

Quem consegue enfrentar seus problemas com lucidez, sem apelar para subterfúgios através de vícios, capacita-se a transformar os problemas em oportunidades de crescimento. Quando optamos por escapar das dificuldades, estamos nos condicionando a perpetuar esse mesmo comportamento em variadas situações. Adolescentes que se escondem de seus problemas bebendo ou fumando maconha tenderão a repetir esse mesmo comportamento de diferentes maneiras quando se tornarem adultos.

Creio ser interessante comentar que o efeito psicotrópico das drogas interfere no organismo possibilitando, em boa parte das vezes, incremento na relação normal com os espíritos. Algo semelhante se consegue através da sensibilidade mediúnica, mas sem as conseqüências nocivas que a utilização de drogas pode provocar. Um indivíduo nessas condições de hipersensibilidade aumenta sua interação vibratória com inteligências encarnadas e desencarnadas, fica mais suscetível a alterações comportamentais, encontrando-se cada vez mais estimulado à fuga pelo vício. Os acompanhantes desencarnados, que muitas vezes foram dependentes do mesmo hábito enquanto encarnados, reforçam o ciclo vicioso, provocando gradual perda da capacidade de discernir quanto aos prejuízos que decorrem da dependência. O uso da maconha pode não encurtar, necessariamente, o tempo de nossa experiência reencarnatória, mas certamente prejudicará a qualidade desse tempo.

Utilizarmo-nos de subterfúgios para fugir da realidade indica que existe algo, algum problema, com o qual não estamos sabendo lidar, ou ainda, que estamos muito frágeis para confrontar nossa realidade íntima. De qualquer forma, fugir significa adiar a possibilidade de solucionar o problema que nos incomoda. Nesse aspecto, a solução passa por buscar ajuda especializada para enfrentar a dificuldade, sem nos esquecermos de que sem o amparo da fé, a cruz pode parecer pesada demais para ser transportada por nós.

14
Um Caso de Autismo

Passamos o restante do dia em atividades de auxílio junto à crosta. Não existindo aprendizado sem concurso ativo nos colocamos de maneira útil. Ao cair da noite, rumamos a uma cidade localizada na região adjacente da grande metrópole. Chegamos a um vistoso prédio residencial. Volitamos até o terceiro andar, parando à frente da porta de entrada de um dos apartamentos.

Castro batera de leve à porta. Não que isso fosse uma necessidade, mas era educado de nossa parte. Prontamente fomos atendidos por gentil senhora:

– Olá, meus irmãos. Entrem. Já os aguardava.

Rapidamente nos apresentamos e ficamos a par de alguns dados que nos poderiam ser úteis à observação que efetivaríamos. A irmã que nos recebera, de nome Matilde, houvera sido a avó materna do menino que era o objetivo principal de nossa estada ali. Após sua desencarnação, há uma década aproximadamente, sua filha buscara consolo e esclarecimentos no Espiritismo, fazendo-se assídua freqüentadora de um centro espírita da cidade. Essa possibilidade teve o efeito de auxiliar mais eficazmente o período de readaptação de Matilde. Decorridos alguns anos nesse processo, Matilde conquistou a simpatia de trabalhadores desencarnados dessa instituição espírita, e candidatou-se a colaborar em seus misteres diários. Granjeou assim, em função do nobre esforço em manter o próprio equilíbrio salvaguardando ao próximo, a possibilidade de conviver freqüentemente com os familiares que permanecem encarnados. O equilíbrio doméstico atrai personagens dispostos a auxiliar na harmonia, enquanto a falta de moral faz do lar um antro de iniqüidades. "Diga-me com quem andas que te direi quem és."

Poucas horas se passaram no que aproveitamos para nos inteirar do caso. Miguel, o menino de cinco anos que nos interessava, houvera nascido com tendências autistas. Com o seu desenvolvimento, estas tendências foram tornando-se mais evidentes, e transformando por completo a situação no ambiente doméstico. Soubemos que quando Mariana e Telmo aceitaram receber em seu lar um companheiro infortunado do passado com o qual houveram tido desavenças, surgiu-lhes a possibilidade de um encaminhamento anterior aos esclarecimentos que a Doutrina Espírita favorece. Foram, portanto, estimulados a esta procura e felizmente aceitaram livremente estes postulados. Ao nos propormos a fazer o bem, forças invisíveis se mobilizam para corresponder a estes gestos de ternura. Foi assim que cinco anos antes do nascimento de Miguel, Mariana e seu esposo encontraram o Espiritismo, que tanto os tem auxiliado a enfrentar resignados os tropeços da vida.

Para os encarnados essa ótica pode parecer ainda injusta aos desavisados. No entanto, existe aqui outra prova da infinita misericórdia divina. Laços de ódio e rancor acumpliciavam estes três espíritos, que por vínculos magnéticos muito resistentes sentiam-se constrangidos a novo reencontro na carne. Da relação de ódio nasceria um rebento que pela sua fragilidade e constantes cuidados cativaria a sensibilidade dos pais. Minimizar-se-iam as rivalidades e sob este aspecto as dificuldades já seriam bênçãos. Mas ao aceitarmos de bom grado as conseqüências de nossos equívocos, e ressalto aqui a palavra conseqüência, não imposição, Deus permite com suas leis soberanas que aquele que se propõe a auxiliar encontre forças para enfrentar seu passado. Esse era o drama que nos surgia à frente, desejosos de aprender e, se possível de auxiliar também.

*. *. *.

Quando todos haviam adormecido Matilde se retirara levando consigo Mariana e Telmo para estância de esclarecimento e reconforto. Vimo-nos responsáveis pelo menino que em espírito permanecia jungido ao corpo inerte. Castro nos fizera ingressar no quarto de Miguel, que dormia numa pequena cama, fechada em um cercado.

Aproximamo-nos do menino, curiosos. Permanecia ele espiritualmente colado ao corpo denso, parecendo igualmente dormir em seu envoltório perispirítico. Aprofundando nossa visão sobre o dínamo pensante, que é o psiquismo de profundidade do espírito, pudemos constatar que impressões desconexas sensibilizavam as estruturas cerebrais do perispírito.

Questões complexas nos surgiam desse quadro, nossos pensamentos fervilhavam em dúvidas perante essa realidade que não compreendíamos extensivamente. Castro silenciosamente solicitara nosso deslocamento para outra peça do apartamento, onde poderíamos conversar sem perturbar o descanso do menino.

– O que vimos? – a pergunta de Anna resumia nossa perplexidade.

– Meus irmãos, nós estamos muito distantes ainda de compreender os fenômenos psíquicos que nos acometem e são por sua vez produzidos em nossa intimidade. Faltam-nos expressões para discutir sobre a natureza essencial de nosso ser. A mente, meus amigos, é paisagem pouco desbravada, mesmo para nós, desencarnados, que nos dedicamos a estudar tais questões. Nosso reduzido conhecimento se atém ainda aos reflexos e conseqüências dos eventos que acontecem mais na intimidade do Espírito. Nesse sentido, a perplexidade é natural. Estamos na posição dos índios americanos que de um dia para outro se depararam com os conquistadores europeus.

E assim falando, Castro nos fornecia esclarecimentos em pequenas doses, na medida em que percebia que conseguíamos assimilar seus conceitos.

– Quando me concentrei em visualizar os pensamentos contínuos que se davam na intimidade de nosso irmãozinho, deparei-me com imagens desconexas, desritmadas, e com enorme grau de complexidade. Acostumara-me a este tipo de procedimento, mas não havia ainda me deparado com pensamentos de tão grande complexidade e não os pude interpretar – comentei intrigado.

– Querido irmão François, deve saber que, quando nos propomos a investigar mentalmente a natureza íntima de nossos socorridos, estabelecemos permuta fluídica entre as partes. Por um mecanismo natural de evolução somos protegidos para que, em casos onde não estejamos suficientemente preparados, não consigamos fazer essa vinculação de forma mais intensa. O que conseguiram perceber fora o suficiente para compreenderem que a situação deste companheiro encarnado exige concurso além de suas próprias possibilidades de entendimento. Somente quando nos categorizamos a conhecer nosso extenso passado de equívocos em sua quase totalidade, sem os desequilíbrios que disto possam advir, é que nos candidatamos a penetrar com fins construtivos a casa mental de nossos irmãos.

Compreendia as palavras de Castro. Creio que me acostumara às atividades desenvolvidas no centro de triagem e não conseguia supor que muitos casos existentes não estavam em minha alçada. É certo que somente chegavam ao meu conhecimento casuísticas que eu poderia compreender e aprender. Castro sorrira discretamente, entendendo minhas indagações íntimas. Havia me esquecido, com o trabalho intenso, de que não tenho livre acesso ao conhecimento. Rudolph me despertou dessas reflexões, perguntando:

— Em me deparando com irmãos encarnados sob condições de deficiência mental, pude perceber que em alguns casos, boa parte deles, para ser exato, o espírito guardava certa lucidez quando desdobrado do corpo físico. Por que não constatáramos isso com Miguel?

— A gama de situações reencarnatórias é muito ampla em suas apresentações; varia ao infinito. Para aqueles indivíduos que trazem na expressão física a deficiência mental, quando encarnados como uma opção, é bastante comum guardarem até variada lucidez intelectual em nível perispiritual. Conseguem manifestar-se "lucidamente" em nosso meio, têm sonhos coerentes e mesmo impressões claras de contatos espirituais. No entanto, há aqueles companheiros em que a deficiência mental é somente reduzido reflexo das limitações espirituais que se impuseram em conseqüência de pensamentos desarmonizados, podendo chegar a apresentar a inconsciência de si mesmos.

Castro refletira alguns instantes, como a nos fornecer tempo para assimilar suas conclusões e prosseguiu: — Todos nós já constatamos isso no trato com os corpos ovóides, que são a expressão máxima do auto-aniquilamento. Nesses casos, o Espírito em sua essência "sempre lúcido", não encontra formas de vir à tona pela vontade descontrolada que o conduz. Muitos, como no caso dos autistas, e não tomem isso como regra, preferem fugir de si mesmos a ter de confrontar as conseqüências e os personagens que lhes atiçam agudo remorso em função dos equívocos cometidos.

Minha sede por conhecimento se acentuara em confronto com este caso. Eu divisava novas possibilidades de serviço junto à crosta. Poderia compreender melhor a situação que colhe tantas famílias. E continuei: — Então, podemos concluir que o drama autista advém de um enclausuramento em si mesmo opcional do próprio espírito reencarnado?

Castro seguia nos conduzindo por esta viagem ao complexo mundo da mente:

— No autismo, a vontade exerce papel preponderante. O desejo de fuga repercute na contrariedade do espírito com relação à necessidade de nova experiência reencarnatória. Prefere estagnar em sua evolução a ter de se deparar com a colheita do que cultivou para si mesmo. Isso provoca repercussões negativas na formação do veículo denso de que se utilizará, produzindo, em certas ocasiões, acentuados danos na possibilidade de interagir normalmente com o mundo exterior. Peço que tenham um pouco mais de paciência, que em poucos minutos teremos a possibilidade de maiores esclarecimentos.

O pedido de Castro nos fizera silenciar as indagações por ora. Incentivara-nos ainda a repassar alguns dos sintomas e características que ficavam evidentes no indivíduo autista. Talvez nos fossem proveitosas essas recordações.

Iniciei por recordar mentalmente alguns tópicos que conhecia com relação à síndrome autista. A falta de capacidade para se relacionarem com pessoas e objetos exteriores era a característica mais marcante nestes indivíduos; as dificuldades com a linguagem, a inversão pronominal. Deparei-me com a mesma perplexidade que tais casos me haviam provocado quando ainda encarnado. Dei-me conta de que meu conhecimento com relação ao autismo não havia progredido o suficiente, sequer para me fazer compreender superficialmente a questão.

Lembro de haver tomado conhecimento de algumas pesquisas de Rimland e outros estudos inconclusivos sobre o assunto. Recordei por último de alguns apontamentos que recebera já na espiritualidade, que vinculavam ectoplasma, células e a dificuldade do espírito em interagir com seu veículo físico.

* * *

Aproveitando que Anna e Rudolph trocavam impressões, aproximei-me e passei a ouvir sobre o que refletiam:

— Penso que o autismo traz alguns aspectos que podemos confrontar com o intercâmbio mediúnico. Vejo nele a mesma necessidade de conversão de imagens e sensações por parte do ser encarnado. O médium precisa interpretar o que lhe chega espiritualmente provindo de inteligências exteriores; já o autista tem dificuldade de interagir e exteriorizar-se em seu próprio corpo, mas em ambos os casos nós nos encontramos perante a tentativa de comunicação de um Espírito – dizia Anna, apresentando suas conclusões.

E seguia ela:

— Podemos também fazer uma relação com o que classificamos sob a denominação de animismo ou personismo, como queiram. A necessidade de interagir com o mundo exterior faz com que seja imprescindível a exteriorização de nossos recursos íntimos para uma vida saudável em sociedade. No entanto, esta mesma exteriorização é considerada indesejada quando nos referimos ao intercâmbio mediúnico. Que tremendo paradoxo! Como nos equivocamos com relação a essa questão quando encarnados!

Rudolph, que até ali ouvira tudo em silêncio, falara nestes termos:

— O autista é somente alguém que se comunica de uma forma diferenciada com o mundo. Nós possuímos uma tendência de polarizar em extremos as situações com as quais nos deparamos ao longo da existência. Por falta de perfeita sintonia entre corpo e perispírito, o Espírito não consegue interagir eficazmente com o mundo exterior. Esse processo, que à primeira vista parece ter início na gestação, vem de muito antes, posto que se encontre com raízes profundas no aspecto psicológico do Ser. Não deixa de tomar o aspecto de um comportamento auto-punitivo, que se dá inconscientemente, mas que faz com que o ser encarnado se veja como algo distinto de seu corpo. Estamos diante de uma prisão por nós mesmos construída.

Nosso conhecimento com relação aos problemas psíquicos,

que nos remetem invariavelmente ao Espírito, é muito limitado. Personalidades históricas como Mendel, Darwin e Einstein, para ficarmos somente com alguns, são por muitos considerados excêntricos, psicologicamente falando. Não são poucos os que vêem neles extensos sinais de autismo, quando na verdade estamos nos referindo a espíritos com extensa bagagem evolutiva intelectual que conseguiam interagir com seu organismo físico com menos amarras do que nós. Mozart tocava seu piano aos quatro anos. É óbvio que existia amparo espiritual, mas como haver esta possibilidade com um sistema nervoso central ainda imaturo sem cogitarmos de que seu próprio espírito conseguia interagir com o organismo sem tantas barreiras limitantes?

– Resulta disto podermos afirmar que a evolução nos amplia as possibilidades de interação com nosso próprio corpo quando encarnados? – adentrei a conversação.

– Não poderia ser diferente – respondeu Rudolph. – Na medida em que nos libertamos dos vínculos que nos mantêm reféns do mundo material, dispomos de maiores possibilidades construtivas para interagir com ele. O pensamento intuitivo é, como dizem nossos instrutores, o próximo passo evolutivo da humanidade. Característico nos processos mediúnicos, surge em larga escala entre artistas e pensadores dotados de maior sensibilidade. Relaciona-se com a afetividade, a criatividade.

São como ondas de rádio, pensamentos que viajam com freqüências características, segundo o teor de seus conteúdos. Uma alma que consiga se identificar com determinado conteúdo pode senti-lo, com maior ou menor clareza, interpretando-o e transformando-o subjetivamente para os padrões de comunicação de que dispomos. Nesse processo não se faz imprescindível a presença de desencarnados, no entanto, sem seu concurso dificilmente conseguimos sintonizar com faixas de conteúdo moral elevado. Necessitamos de sublime sentimento de entrega e comunhão solidária com o Todo. Nessa faixa mental encontramos os grandes missionários que se deixam contagiar pela utilidade social, motivados a servir porque encontram saciedade íntima.

Porém, o aspecto negativo destes vínculos também existe. Por isso, a sensibilidade mediúnica, em termos gerais de humanidade, ainda não pode tomar proporções mais extensas. Somos facilmente seduzidos a sintonizar com pensamentos de conteúdo moral duvidoso, para não dizer pior. Nossa obnubilação intuitiva é um mecanismo natural de proteção para que não sejamos por demais seviciados por conteúdos emocionais negativos. A prova disso são as obsessões. Cabe lembrar que elas sempre iniciam em nós mesmos.

Somos ainda muito instáveis, vacilamos muito diante das dificuldades em função de nossa imaturidade evolutiva. É mais comum estarmos pensando egocentricamente, com raros lampejos de pensamento intuitivo. Estes são mais facilmente perceptíveis em indivíduos interessados em valores moralmente nobres.

* * *

Castro viera nos fazer despertar de nossas reflexões. Havia chegado pequeno grupo que nosso orientador aguardava para dar prosseguimento às nossas observações. Situamo-nos junto ao leito do menino. Nós e mais três companheiros – um encarnado e dois desencarnados – estávamos presentes.

Quando tentáramos adentrar os pensamentos do menino, que permanecia adormecido, tivemos dificuldade de perceber algo mais que imagens confusas carregadas de angústias. Sabendo de antemão dessas dificuldades que teríamos, nosso orientador planejava obter recursos extras para que pudéssemos aliar a oportunidade de ajudar com aprendizado valioso para todos.

Sem delongas com apresentações pessoais, nós nos dispusemos imediatamente ao serviço. Rudolph, Anna e eu deveríamos permanecer vigilantes com relação aos nossos pensamentos, buscando auxiliar nosso orientador, que dirigia a atividade, na sustentação do equilíbrio no ambiente. Os dois desencarnados que vieram trazendo o espírito desdobrado do médium encarnado permaneciam junto deste operando na sustentação da produção ectoplásmica de que necessitávamos para a atividade em questão. Realizavam minucioso controle fisiológico, em semelhança com o que houvéramos presenciado anteriormente quando das atividades mediúnicas.

Castro se esforçava, utilizando complexas técnicas de indução hipnótica, por provocar a exteriorização perispiritual de Miguel. Após alguns minutos vimos que uma espécie de sombra de Miguel se formava ao lado do leito onde seu envoltório orgâncio permanecia dormindo. Os dois servidores desencarnados do agrupamento mediúnico que nos auxiliavam sustentavam o médium que nos serviria de fonte indutora para provocar a exteriorização de alguns pensamentos do menino. Auxiliaram Castro a realizar uma "ligação" fluídica com o espírito do menino desdobrado. Tanto o médium em desdobramento quanto o menino permaneciam sem consciência do real estado em que se encontravam, porém o trabalhador encarnado guardava certa lucidez aos comandos mentais que recebia de seu supervisor espiritual, facilitando um pouco nosso trabalho.

O ectoplasma produzido pelo médium provocara intensas reações à formação perispiritual do menino: sua estrutura ganhara um pouco mais de consistência e sua fisionomia expressava agora um pouco de tranqüilidade. Sem tempo para nos fornecer esclarecimentos Castro se dedicava à tarefa, cuidava para não extenuar o servidor encarnado que anuiu colaborar com a atividade. Castro igualmente se deixara envolver nos recursos fluídicos fornecidos pelo médium encarnado, adensando seu perispírito. Colocou-se então junto a Miguel, como que a dirigir seus pensamentos com refinado controle que não supúnhamos ser possível. Aproveitando-se de seus recursos espirituais mais desenvolvidos, nosso amigo conseguira ordenar, em parte, as emoções descontroladas que se agitavam no psiquismo íntimo do menino.

Com extrema capacidade mental, Castro nos induzira a mentalização das imagens que conseguira captar nesse processo. Estávamos tomando conhecimento de alguns lances do pretérito deste irmão nosso, que se auto-supliciara no autismo. Nosso instrutor fazia a ponte psíquica para que pudéssemos nos inteirar do que seria oportuno; atuava espiritualmente como médium de um companheiro necessitado.

Os dois servidores desencarnados que assessoravam nossa atividade cuidavam para que não ocorresse uma "invasão fluídica" no psiquismo do encarnado que nos fornecia os recursos ectoplásmicos. A doação fluídica em abundância, que sequer o dotava de consciência da experiência que vivenciava conosco, também o afetaria no campo orgânico. Ele não conseguiria recordar nem mesmo por meio de sonhos desconexos. No entanto, seria auxiliado para que seu organismo funcionasse de maneira equilibrada e acordaria com a satisfação íntima do dever cumprido.

Deixamos para comentar o que havíamos conseguido captar posteriormente. Castro gradualmente retornara à sua condição habitual e da mesma forma reconduzira o espírito de Miguel para junto ao corpo adormecido. Encerrava com singela prece de gratidão pela oportunidade de auxiliar e aprender.

Os servidores que nos assessoraram deixaram o local sob nosso sentimento de gratidão. Já Miguel recebera nossas preces, que higienizaram o ambiente, e a extensa contribuição de Castro que o auxiliara a elaborar algumas emoções que o atormentavam. Sabíamos que todo auxílio neste caso era paliativo, e que o melhor tratamento era mesmo a reencarnação e o enfrentamento de si mesmo.

..*

A sós, entramos em conversação edificante. Buscávamos compreender o quebra-cabeça que nos fora mostrado com as peças desencaixadas. Castro serenamente nos induzira ao diálogo.

– Acredito que tenha sido possível apreender do processo os motivos que os impossibilitaram de "mergulhar" no psiquismo de nosso irmão enfermo. Havia solicitado o concurso de técnicos experientes que nos auxiliariam, juntamente com um médium que já houvera tomado parte neste tipo de procedimento. Os cuidados em nos deparando com situações deste teor devem ser extensos. A falta de experiência para lidar com dramas desta gama de complexidade pode acarretar graves transtornos. Uma invasão psíquica[1] ou fluídica, como queiram, terá conseqüências bastante desagradáveis.

Por este motivo nosso proceder foi cauteloso ao extremo. Não poderíamos correr o risco de prejudicar o amigo encarnado que atendera nossa solicitação. Impedir isso era a função dos dois técnicos que o amparavam. De nossa parte, seria crueldade trazer à superfície emoções e complexos sintomas advindos de experiências pretéritas sem que de alguma forma pudéssemos contribuir no processo. Nosso companheiro autista houvera recebido a bênção do esquecimento e não seríamos nós que o prejudicaríamos nesta questão.

A memória é um atributo do Espírito, tem sua repercussão sobre a malha do envoltório perispiritual. Registramos no éter aquilo que nos sensibiliza, carregando ampla mescla de sensações e emoções particulares. Esse histórico atua sobre nossa consciência de forma que ainda desconhecemos, repercutindo na formação mental que irá consolidar o molde perispiritual onde colheremos nossas experiências educacionais. Por um processo natural, como puderam constatar, não conseguimos acessar tais informações sem que estejamos amadurecidos para tanto. Isso impede que

---

[1] *A psicanálise constatou esses efeitos entre encarnados, ao que denominou de transferência.*

venhamos a prejudicar o necessitado, e por conseqüência a nós mesmos, pela falta de preparo para cumprir com os requisitos que a tarefa pede. Se qualquer um de vocês tivesse acesso às impressões que borbulham no inconsciente de nosso irmão, teria sofrido com uma invasão psíquica que chocaria as fibras mais íntimas. Da mesma forma, a falta de preparo em acessar tais informações faria com que muitas das emoções desordenadas impressionassem o necessitado encarnado, e seríamos responsáveis por lhe agravar o sofrimento. Felizmente isso não é possível. Entendem agora o porquê das limitações em acessar o histórico de muitos enfermos que nos chegam às mãos?

Castro estava sendo bastante claro. Por diversas vezes me deparei com esta impossibilidade. Já havia cogitado de muitas razões para isso, mas dessa vez as colhia com o aval da experiência. Nosso orientador seguia:

— Ao me deixar envolver pelo ectoplasma doado por nosso amigo encarnado, conectei-me à forma perispiritual de nosso enfermo. Fiz o papel de intermediário para que as informações que buscávamos pudessem ser acessadas sem prejuízo. Por uma ação inconsciente de proteção, o menino não tinha acesso a tais informações, o que não o impedia de sentir os seus efeitos. Somos herdeiros de nosso passado. Meus cuidados estão principalmente concentrados em buscar os dados possíveis sem prejudicar o doente com impressões negativas.

A bondade divina permite que, ao nos envolvermos em atividades desta ordem, por desfrutarmos de certa harmonia interior, consigamos transmitir ao necessitado impressões benéficas. Como ocorre com relação ao intercâmbio mediúnico, quem tem mais doa para quem tem menos, encontrando um ponto comum de sintonização. Não me foi possível adentrar muito nas impressões inconscientes de nosso amigo, mas o que constatei e retransmiti a vocês já nos deixa entrever a complexidade de sua situação.

Fizera uma ligeira pausa e logo após seguira falando ante nossos olhares atentos.

– Foi possível perceber que nosso amigo estivera envolvido em torturas e experiências realizadas contra judeus em campos de concentração nazistas. O número de irmãos envolvidos direta ou indiretamente nestes episódios é bastante grande. Não pudemos conhecer as minúcias destas experiências; não conseguiríamos impedir que tais impressões o perturbassem. No entanto, foi possível conhecer a participação de seus atuais pais nos mesmos eventos. Podemos concluir que Miguel estivera relacionado a torturas infligidas contra Mariana e Telmo naquela época. Essa relação de ódio tem ramificações anteriores que desconhecemos.

Todos os três desencarnaram durante o período da guerra e reencarnaram mais tarde sem relação direta uns com os outros. Por necessidades prementes Miguel viera primeiro, fora desta vez preso político no início da ditadura militar brasileira. Perecera alucinado em úmido quartel do centro do país. Telmo e Mariana, espíritos conscientes da necessidade de perdoar, reencarnaram dispostos a formarem um lar que recolheria Miguel em nova tentativa de reconciliação.

Apesar da boa vontade dos pais, Miguel rejeitara essa idéia. Mas sua própria consciência se vinculava a essa atração, no que fora constrangido por lei natural ao reingresso no campo da forma. Sob contrariedade, lutando contra a própria consciência que o impelia ao progresso, acabou por prejudicar a perfeita sintonia fetal com a mãe, enclausurando-se em si mesmo. Em realidade, mesmo que o orgulho não o permitisse admitir, sentia medo das conseqüências que seus atos passados poderiam impor, assim como da justiça cega de companheiros que prejudicara. É este o resumo da situação em que encontramos nosso irmão enfermo.

Fora exatamente isso que Castro conseguira nos induzir a compreender durante o processo de imantação com o perispírito de Miguel. Curiosos questionamentos fervilhavam em nós.

Castro sorrira a essa constatação e acrescentara:
— Podem perguntar, meus amigos.
— O quadro sintomático do autismo é muito complexo, e lembro que mesmo hoje em dia os profissionais da área da saúde pouco o conhecem — comentou Rudolph.
— Verdade — Castro respondera. — Há muitas coisas em que não nos encontramos em condições de entender. Distúrbios profundos do psiquismo ou da mente guardam descontroles que têm origem no âmago do Ser.
— Estamos falando do Espírito? — indaguei.
— Exatamente.
Nosso orientador continuou:
— Enquanto não admitirmos a sobrevivência da consciência e as conseqüências filosóficas e científicas que dessa realidade advêm, pouco poderemos nos imiscuir nos complexos processos que nascem em nossa intimidade. Em realidade, todas as doenças, em circunstâncias variáveis, têm um laço mais ou menos forte com o psiquismo profundo do Espírito. Por isso, toda terapêutica que se detenha no exterior, seja no corpo físico ou no perispírito, tem somente efeito paliativo. A verdadeira cura está na prescrição evangélica de Jesus, que apela para a renovação interior, transformando o Espírito e produzindo efeitos duradouros na superfície.

Já havia ouvido falar desta perspectiva, mas creio que as circunstâncias me faziam despertar para nova forma de entendimento. As diretrizes evangélicas me surgiam agora em todo o seu esplendor. Não se tratava mais de um mero código de conduta moral: era na verdade a fonte de regeneração para todos os males que nos ulceram corpo e alma.

Anna estava curiosa com relação ao processo em que o distúrbio psíquico repercutia no veículo orgânico. Castro comentara em seu socorro:
— Problemas graves no campo emocional repercutem no

organismo: isso é uma realidade incontestável para a ciência médica. De igual modo estas emoções que têm origem no Espírito imortal interagem na formação dos envoltórios. O campo mental encontra-se desestruturado e, por conseqüência, a ligação celular com os princípios inteligentes rudimentares que nos assessoram nesta formação será prejudicada em sua harmonia. Percebam que tal fato demonstra com clareza que não existe arbitrariedade divina no nascimento de crianças deformadas ou doentes. Colhemos as conseqüências daquilo que alimentamos. A plasticidade de nosso campo mental induz à transformação perispirítica que irá orientar a construção embrionária. Em muitos destes casos, que ocorrem em enormes quantidades, a construção orgânica é sustentada por dedicados companheiros da espiritualidade com o auxílio da indução mental dos próprios genitores. Vem daí o fato de muitos indivíduos aparentemente saudáveis, de um momento ao outro manifestarem graves enfermidades. Por permanecerem alimentando o mesmo tipo de equívocos que os comprometera no pretérito, voltam a induzir seu organismo a apresentar suas reais características.

— E então nos deparamos com as mais diversas deficiências. Que sob este novo ponto de vista se destacam como bálsamo sobre as chagas que levamos na intimidade — completou Rudolph.

— Isso mesmo. Nosso olhar sobre a deficiência encontra-se situado na transitoriedade da matéria, que não nos deixa perceber que o sofrimento é de nossa inteira responsabilidade. A dor que a princípio nos parece monstruosa, observada desta maneira, destaca-se como medicação — incluiu Anna.

Em sintonia uns com os outros conseguíamos raciocinar conjuntamente culminando nas devidas observações. A deficiência mental, da mesma forma que outras enfermidades, mesmo as que sequer foram catalogadas pela ciência médica tradicional, respondem a este mesmo processo natural.

Castro complementou seu parecer:

— Este nosso irmão, tomado pelas conseqüências de seus atos, não conseguirá restabelecer harmonia íntima sem a participação de continuado esforço. Permanecerá nesta condição até o fim de sua existência orgânica, e certamente custarão outras tantas incursões na matéria para que se sinta encorajado a enfrentar a própria consciência frente a frente. Enquanto permanecer sem essas condições de enfrentamento, a Lei maior o protegerá para que não se desestruture mais ainda: ele seguirá enclausurado na deficiência mental, reduzido reflexo do que existe na sua intimidade.

Estamos limitados em nossa terapêutica à vontade ativa do enfermo. Seguiremos incentivando-o à renovação íntima e auxiliando geneticamente quando da formação de cada novo envoltório, mas somente o tempo responderá pelo equilíbrio de nosso amigo.

— Não há nada que possamos fazer ou transmitir aos encarnados relativo a tais situações? — inquiri.

— François, há sempre muito que dizer, mas nada do que falarmos consegue sintetizar melhor a resposta que me pede do que a palavra Amor. Não somos viajores levados pelo vento, estamos onde estamos por algum motivo. Grande parte das vezes somos co-responsáveis pela situação dos companheiros que convivem conosco. Estamos diante da possibilidade construtiva de exercitar a paciência e o amor, reavaliando nossa real situação espiritual e estabelecendo laços construtivos com quem nos endividamos perante a própria consciência. Estímulo à renovação moral não deve faltar. Estarmos embasados na prece sincera é fortaleza íntima para as dificuldades que surjam. As vibrações de carinho em que envolvemos nossos irmãos enfermos têm o poder de perfumar-lhes o ambiente íntimo.

— E o passe no centro espírita? — inquiri mais uma vez.

— É medida terapêutica que atua sobre nossos doentes. Não necessita ser exclusivamente no centro espírita. Independe de preferência religiosa e pode até ser realizado na intimidade do lar. Para tanto não há fórmulas precisas. Importa o sentimento que envolve o doador para que seja transmissor da fonte Maior de doação. Um simples abraço sincero age sob o enfermo com suas propriedades curativas. A doação de ectoplasma por parte dos encarnados auxilia o metabolismo do necessitado e pode com o tempo propiciar significativas melhoras. Como disse antes, o que realmente importa é o amor; Deus não se prende a fórmulas convencionadas pelos homens.

Nossa estada entre os encarnados findava aqui. Deveríamos retornar para nosso núcleo educacional para apreciar as conclusões a que pudéramos chegar. Volitamos, mais uma vez gratos pela oportunidade que recebíamos, aumentando nossa responsabilidade de servir perante a aflição alheia.

15
Em Entendimento Coletivo

Vencíamos enormes distâncias com o pensamento direcionado no propósito de buscar a sede institucional de nosso estudo. No entanto, deliberadamente transitávamos em menor velocidade do que a possível. Aproveitávamos o momento para apreciação íntima do que havíamos conferido.

Questionamentos assomavam em meus pensamentos, mas não precisei exteriorizá-los. Castro interveio em meu socorro.

— As manifestações auto-punitivas são incidências bastante comuns em indivíduos que apresentam características autistas. Assim como nas obsessões mais graves, nas quais o obsessor induz o encarnado ao auto-flagelo, no autismo estamos diante de quadro onde a aflição íntima busca insanamente uma válvula de escape, encontrando na própria vontade do espírito encarnado essa alternativa. Situe seu ponto de vista sob o aspecto de que o indivíduo autista não desejava reencarnar, na grande maioria dos casos.

— Mas então, o autista será sempre um espírito inadaptado com o processo reencarnatório? – questionei, sedento por estender minha compreensão.

— Inadaptado às leis harmônicas que nos regem. São as conseqüências desta falta de adaptação que repercutem no processo reencarnatório. Funciona como regra geral. O autista é um espírito assentado no egoísmo de contemplar a sua própria visão individual de mundo, estagnado nessa forma de entender e pouco disposto a ampliar esses horizontes. Por conseqüência, fecha-se em si mesmo.

Castro, percebendo a oportunidade de nos brindar com excelente material para reflexões, prosseguiu ainda.

– Em realidade, nós somos todos relativamente autistas quando nos fechamos em nosso próprio mundo não nos permitindo ceder aos apelos transformadores da vida. É a egolatria, que se estende sobre nosso comportamento toda vez que somos intransigentes. E poderíamos pensar ainda em outro aspecto. Sei que gostam de estudar os fenômenos mediúnicos. O fenômeno anímico também poderia ser classificado como sendo proporcional à nossa dificuldade de romper as barreiras do ego. E quando somos rígidos em nossa conceituação e procedimentos, tornamo-nos igualmente intransigentes. Percebem como ainda estamos enraizados no egoísmo?

Castro nos havia socraticamente conduzido a analisar nossa própria indigência espiritual. Demonstrava-nos que toda vez que somos intransigentes ao apreciar a conduta alheia estamos dando demonstrações de nosso próprio egocentrismo.

Continuava ele:

– Bezerra de Menezes registrou pelos conceitos de Manoel Philomeno de Miranda em psicografia a Divaldo Pereira Franco o seguinte conceito[1]: "O esquizofrênico, segundo a escola bleuleriana, não tem destruída, conforme se pensava antes, a afetividade, nem os sentimentos; somente que os mesmos sofrem dificuldade para ser exteriorizados, em razão dos profundos conflitos conscienciais, que são resíduos das culpas passadas. E porque o Espírito se sente devedor, não se esforça pela recuperação, ou teme-a, a fim de não enfrentar os desafetos, o que lhe parece a pior maneira de

---

[1] *Essa nota visa fornecer aos leitores a oportunidade de realizar observações instrutivas em conceitos disponíveis aos encarnados. O livro referido foi mediunicamente recebido com o nome de "Loucura e Obsessão" e escrito pelo espírito Manoel Philomeno de Miranda junto a Divaldo P. Franco.*

sofrer, do que aquela em que se encontra. Nesses casos, pode-se dizer, que a esquizofrenia se encontra no paciente, de forma latente, pois que, acentuamos, é-lhe imposta desde antes da concepção fetal. Razão essa que responde pelas sintomatologias neuróticas, produzindo alterações da personalidade que se vai degenerando em razão dos mecanismos de culpa impressos no inconsciente. Assim, não é raro que o paciente fuja para o autismo (...)".

A uniformidade dos conceitos apresentados resumia extraordinariamente as observações que havíamos até ali efetuado. Mas Castro seguia em suas conceituações.

– Deu-se em nosso tempo uma conotação rígida ao termo "destino". Nas doutrinas espiritualistas nos acostumamos a falar deste termo sob a expressão "Karma". No passado, os hindus aferrados a esta conceituação instituíram o sistema de castas que perdura até os dias atuais. Os indivíduos que nascessem pertencendo à determinada classe social encontravam-se regidos pelo destino e, portanto, não poderiam durante toda a vida ascender a outros níveis sociais (fatalismo).

O "Karma", o "destino" ou o termo espírita "ação e reação", quando entendidos sob este rigoroso ponto de vista, limitam o processo participativo do indivíduo em seu progresso pessoal. Tolhe-se o livre-arbítrio. Sidarta Gautama (Buda), assim como Lao Tsé, Confúcio, Sócrates, Jesus, Francisco de Assis, Lutero e o próprio Allan Kardec nunca se intitularam líderes religiosos. Encontravam-se no número dos reformadores sociais, objetivando motivar transformações morais nas comunidades onde conviveram. Eram, por isso, reformadores.

Equivocadamente nos acostumamos a projetar a responsabilidade que nos cabe aos outros. Aceitando o destino rigidamente determinado responsabilizamos Deus pelas conseqüências de nossos atos. Porém, através dos discípulos de Sidarta podemos averiguar que não era essa a essência de seus postulados. "Há uma cadeia de causas ligando cada uma das vidas àquelas que precederam e àquelas que a seguirão. Cada vida é presentemente de acordo com as vidas que levamos anteriormente. Ao longo de toda essa conseqüência causal, a vontade permanece livre. A lei das coisas faz o estado presente ser o produto dos atos anteriores, porém, mesmo que a vontade seja influenciada, ela nunca será controlada. As pessoas conservam a liberdade de moldar seus destinos".

Preocupo-me em enfatizar este aspecto porque é bastante comum pensarmos no destino de maneira cruel e arbitrária, ao nos depararmos com espíritos em reajuste através de misérias morais e orgânicas. O espiritualismo que permeia os conceitos espíritas traz em seu bojo diversas questões políticas e sociais que precisam ser bem interpretadas para que estas idéias não venham a ferir o raciocínio crítico preciso dos conceitos ditados a Allan Kardec pelos espíritos.

Castro interrompeu sua palestra com a intenção de que assimilássemos seu conteúdo. Nesses segundos algumas questões me surgiram. Aproveitando a oportunidade comentei afirmativamente:

– A Lei de "Causa e Efeito" ou "Ação e Reação" nos dá esta mesma visão do "Karma" expresso por Buda.

– É verdade. No entanto, nossa imaturidade espiritual tende a resvalar na projeção de responsabilidade. Dificilmente conseguimos admitir que os sofrimentos sejam de responsabilidade pessoal. E, quando assim admitimos, habituamos a creditar tais efeitos à força do destino, servindo-nos de desculpa para a imobilidade. Jesus já dizia, "vai e não peques mais, para que algo pior não te suceda". O Espiritismo retoma essa questão demonstrando nossa integral responsabilidade perante a Vida. Sidarta dizia também: "Há um caminho para o fim do sofrimento, trilhai-o! Os Budas[2] só indicam o caminho". O espírito São Luís nos incentiva de

---

[2] Os Budas, os Despertos, aqueles que entendem a Vida em sua essência.

maneira semelhante quando diz[3]: "Sendo o estado de sofrimento ou felicidade proporcionado ao grau de purificação do Espírito, a duração e a natureza de seus sofrimentos dependem do tempo que ele gaste em melhorar-se".

– Então, as enfermidades de toda monta são sempre resultados das conseqüências de nossas condutas. E somente depende de nós a vontade de modificar este quadro – comentou Anna.

– Sim, no entanto, não basta que o espírito afirme querer se modificar se este desejo não estiver enraizado em seu íntimo. Despertando para o arrependimento, que sempre acontece e somente varia no tempo que cada um de nós leva para isso, a individualidade impõe eventos que considera necessários à quitação dos débitos contraídos em sua própria consciência.

– As deficiências são opções deste tipo? – indagou Rudolph.

– Algumas vezes sim, mas na grande maioria das oportunidades são advindas das conseqüências dos desregramentos que o espírito praticou. Não há um Deus legislador e implacável. O que existe são leis harmônicas que nos impelem ao progresso. Existem espíritos superiores a nós que, por nossa falta de discernimento, auxiliam-nos planejando nossas alternativas reencarnatórias para efetivação destes débitos que nem sequer admitimos existir ainda. Analisando as conseqüências de nossa conduta, concluem seu planejamento de forma a nos possibilitar despertamento íntimo e relativa melhora. Há, ainda, irmãos nossos que optam pela deficiência ou graves problemas de saúde orgânica quando encarnados. É uma questão bastante complexa avaliar os motivos que levaram a estas opções e não podemos fazer uma avaliação sem esses dados específicos.

Espíritos que fazem opções deste tipo não conseguiriam apaziguar a consciência de maneira diferente, fazem-no por absoluta necessidade. Porém, a maturidade espiritual nos faz perceber que

---

[3] Questão 1005, em *O Livro dos Espíritos*, de Allan Kardec.

qualquer forma de auto-flagelo é sinal de egoísmo, porque ao invés de nos torturarmos, poderíamos aplicar nosso tempo em serviço de auxílio ao próximo, o que seria muito mais meritório. Espíritos que conquistaram este esclarecimento, quando renascem na matéria densa para este tipo de existência, somente o fazem se puderem servir de exemplo ao próximo. Bastante comum ouvirmos no meio espírita narrativas que tratam das visitas que os espíritos que estão próximos de reencarnar são levados a fazer por seus instrutores junto a encarnados que sofrem com necessidades semelhantes às que possuirão por sua vez. Esta é uma alternativa de sofrimento útil, resignado e meritório. Visa ao bem do próximo.

Chegávamos à instituição que nos fornecera a possibilidade deste formidável aprendizado. Teríamos um turno de folga para resolução de questões particulares e no início da noite deveríamos nos apresentar no auditório central do núcleo universitário para os apontamentos finais.

* * *

Na hora aprazada fomos de encontro a Castro que já estava sentado no seu devido lugar. A audiência que presenciaríamos era limitada no número de expectadores. Aproximadamente quinhentos espíritos lotavam o primeiro piso do auditório.

Assentei-me em meu devido lugar e passei a analisar as dependências do local onde até então não havia estado. Estávamos em um formoso anfiteatro, em tudo similar aos que encontramos na Terra. Havia um mezanino a nossas costas e um palco de formidáveis proporções a nossa frente. A frente do palco havia um espaço reservado.

Servindo-me da contingência do momento, aproveitei para receber alguns esclarecimentos adicionais de nosso amigo e orientador.

– Qual atividade irá desenvolver-se aqui? – inquiri, curioso.

– A cada semana recebemos visitantes de esferas mais elevadas que, além de nos esclarecerem, estimulam-nos ao serviço com Jesus – falou Castro.

– Esses visitantes vêm assim com tanta freqüência?

– Não se esqueça de que estamos em uma instituição que tem por base ofertar a possibilidade de novos esclarecimentos aos companheiros dispostos ao serviço. Ninguém tem acesso a locais como este se não houver sinceridade em seu desejo de servir desinteressadamente ao próximo. Dadas às circunstâncias, por que não haveríamos de receber a visita rotineira de companheiros mais adiantados, se mesmo nas sombras da noite recebemos os afagos da Luz?

Castro tinha razão. Nossa condição não nos permite perceber que existem entre nós espíritos de escol, no entanto, essa não identificação objetiva em nada impede a presença destes irmãos junto a nós. Sabemos que são estes companheiros que mais se empenham em esforço diuturno pelo nosso progresso moral.

Castro arrematou dizendo:

– Nosso visitante exerce entre nós função que podemos comparar aos paraninfos nas formaturas terrenas. Tanto lá como aqui não são todos que apresentam a possibilidade de desfrutar deste momento. Como disse, semanalmente recebemos visitas de companheiros mais adiantados que nós, mas o público alvo destes encontros pouco se repete. Ao final de um período em que recolhemos novos esclarecimentos somos motivados ao trabalho incessante. Assim estas audiências se dão com as turmas de aprendizes afins.

Ainda curioso por conhecer algumas particularidades da atividade, indaguei sobre o espaço vazio bem delimitado que existia entre nós e o palco.

– Acredito que não seja a primeira oportunidade em que verá

a "materialização" de um espírito – e Castro foi direto ao ponto.

Com essa afirmação não foi preciso nenhum esclarecimento adicional. Houvera quando encarnado presenciado experiências minuciosas com estes eventos. Também pudera participar das mesmas quando já desencarnado. Porém, as corporificações de espíritos mais elevados junto a nós eram pouco corriqueiras.

Essa informação aguçou meu senso investigativo. Um entusiasmo até certo ponto infantil se avolumou em mim. Castro me olhou sorrindo, e eu entendi que deveria me conter. Compreendi que o espaço estava destinado a companheiros de nosso plano dotados de ampla capacidade mediúnica. Castro me informara que ali sentariam alguns diretores da instituição, trinta deles, para ser exato.

Neste tipo de operação não seria possível a presença de encarnados em desdobramento, pois qualquer contaminação fluídica colocaria o processo a perder. Isso não impede que alguns raros companheiros ligados momentaneamente à matéria tenham contato com a atividade. Há a possibilidade do uso de instrumentos de comunicação para esta finalidade.

No horário marcado, com a pontualidade que o serviço exige, trinta dirigentes de nossa instituição colocaram-se tranqüilamente sentados. De frente para nós passaram à condição de relaxamento. Não possuía visão aguda para perceber a totalidade dos fenômenos que se davam, mas percebi com o auxílio de Castro que os médiuns se desdobravam. Parcialmente desvinculados do corpo fluídico entrava em ação uma equipe de técnicos que prepararia as condições necessárias para a corporificação fluídica do emissário. Não percebia estes procedimentos que aconteciam em esfera mais sutil que a nossa.

Em assembléias menores, onde existe maior disciplina mental, estes procedimentos são mais simples. Também depende da condição espiritual do espírito que se materializará. As possibilidades variam ao infinito.

Alguns membros da platéia traziam nas expressões o êxtase em que se encontravam. Aqueles que eram portadores de condições de percepção mais limitada, como era meu caso, divisavam parcelas do processo, sempre auxiliados por seus instrutores. Tênue névoa esbranquiçada começava a se fazer visível. Uma substância fluídica também fornecida em parte pelos médiuns formava uma barreira de isolamento entre nós e o palco. Parecíamos estar diante de um vidro líquido.

No palco, intensa luminosidade nos cegava ao olhar fixo. Gradualmente essa luminosidade diminuiu e pudemos divisar uma forma humana. Um homem de aspecto sóbrio, cabelos negros até os ombros e olhar muito bondoso saudou-nos em nome de Jesus.

Sua voz parecia surgir do interior de nossas cabeças, tamanha a ressonância que encontrava em nosso íntimo. A impressão era de que o tempo parara, passado e futuro se fundiam no momento presente. Estranha sensação jamais sentida me confundia a capacidade de entendê-la. Difícil orquestralizar um panorama geral para o que não existe elemento de comparação.

Aquele imponente emissário falava-nos com sentimentos que tinham o poder de penetrar em nosso inconsciente mais profundo, fazendo acordar em nós expressões sublimes de espiritualidade jamais sentidas. Era-nos possível entender melhor o que Jesus quis dizer com "vós sois deuses".

Uma hora assim transcorreu[4]. O tempo passou como se

---

[4] *Prudentemente não existe a possibilidade de se verbalizar ou fazer o médium compreender o que se sente em situações como estas. De tal forma que a psicografia ou qualquer forma de experiência mediúnica neste sentido se torna inviável. A sensação sublime da espiritualidade teria o efeito de acentuar a melancolia entre os espíritos presos à matéria densa.*
"Sabeis por que uma vaga tristeza se apodera por vezes dos vossos corações e vos faz achar a vida tão amarga? É o vosso Espírito que aspira à felicidade e à liberdade e que, preso ao corpo que lhe serve de prisão, se extenua em vãos esforços para dele sair. Mas, vendo que são inúteis, cai no desencorajamento, e o corpo, suportando sua influência, a languidez, o abatimento e uma espécie de apatia se apoderam de vós, e vos achais infelizes.
Crede-me, resisti com energia a essas impressões que enfraquecem vossa vontade. Essas aspirações para uma vida melhor são inatas no espírito de todos os homens, mas não as

não houvesse passado. Ao final, com a prece de encerramento, gotículas luminosas de um azul muito alvo tornaram-se visíveis a todos nós no mesmo instante em que um coro celeste exaltava o Criador com musicalidade jamais ouvida. Estávamos integrados à Criação. Conscientes como nunca de nossa insignificância, mas ao mesmo tempo dispostos a trabalhar incansavelmente com a certeza de que algo Maior, ainda distante de nossa compreensão, acompanhava-nos os nossos passos de muito perto.

---

procureis neste mundo; e, atualmente, quando Deus vos envia seus Espíritos para vos instruírem sobre a felicidade que vos reserva, esperai pacientemente o anjo da libertação que deve vos ajudar a romper os laços que mantêm vosso Espírito cativo. Lembrai-vos de que tendes a cumprir, durante vossa prova na Terra, uma missão de que não suspeitais, seja em vos devotando à vossa família, seja cumprindo os diversos deveres que Deus vos confiou. E se no curso dessa prova, e desempenhando vossa tarefa, vedes os cuidados, as inquietações, os desgostos precipitarem-se sobre vós, sede fortes e corajosos para os suportar. Afrontai-os francamente; eles são de curta duração e devem vos conduzir para perto dos amigos que chorais, e se regozijarão com a vossa chegada entre eles e vos estenderão os braços para vos conduzir a um lugar onde os desgostos da Terra não têm acesso". (O Evangelho Segundo o Espiritismo, cap. V, item 25).

Epílogo

Dentre os inúmeros pesquisadores que se empenharam em conhecer o psiquismo humano em sua natureza complexa, muitos evidenciaram que a existência de uma consciência extra-corpórea despontava racionalmente como sendo a explicação e causa mais plausível para os fenômenos que evidenciavam em suas observações. Podemos nos referir aos membros da SPR (Society Psychical Research), dentre eles, Gustave Geley, Frederic Myers, Edmund Gurney, Théodore Flournoy, Henry Sidgwick, William Crookes, entre outros.

Em sua teoria da sincronicidade, Jung conclui que, se o espaço e o tempo são propriedades aparentes dos corpos em movimento, criadas pelas necessidades intelectuais do observador, então sua relativização por uma condição psíquica, em qualquer caso, já não é algo miraculoso, mas situa-se dentro dos limites da possibilidade. Com esse enunciado Jung liberava a psique (espírito) de um condicionamento à existência temporal, ou seja, poderíamos existir aquém e além do tempo. No entanto, isso somente seria possível se estivéssemos de posse de uma existência infinita.

Está conclusão é ratificada pelo próprio Jung na continuidade de suas reflexões. "A sincronicidade postula um significado aprioristicamente relacionado com a consciência humana e que parece existir fora do homem. Semelhante hipótese ocorre sobretudo na filosofia de Platão[1], a qual admite a existência de imagens ou modelos transcendentais das coisas empíricas, as chamadas formas, de que as coisas são cópias".

"Naturalmente, pode-se desde o início objetar que mitos e sonhos que concernem a uma continuação da vida após a morte são fantasias simplesmente compensatórias e inerentes a nossa natureza: toda vida aspira à eternidade. A isso não tenho outro argumento a opor, senão, precisamente, o mito. Além disso, há também indícios que mostram que uma parte da psique, pelo menos, escapa às leis do espaço e do tempo. A prova científica foi estabelecida pelas experiências bastante conhecidas de Rhine[2]. Ao lado de inumeráveis casos de premonição espontânea, de percepções não espaciais e outros fatos análogos, dos quais busquei exemplos em minha vida[3], essas experiências comprovam que, por vezes, a psique extrapola a lei da causalidade espaço-temporal. Disso resulta que as representações que temos do espaço, do tempo e também da causalidade são incompletas. Uma imagem total reclama, por assim dizer, uma nova dimensão; só então poderia ser possível dar uma explicação homogênea à totalidade dos fenômenos. É por este motivo que ainda hoje os racionalistas persistem em pensar que as experiências parapsicológicas não existem; pois seriam fatais à sua visão de mundo. Porque se tais fenômenos podem produzir-se, a imagem racionalista do universo perde seu valor por ser incompleta. Então, a possibilidade de outra realidade, atrás das aparências, com outras referências, torna-se um problema intransponível e ficamos constrangidos em abrir

---

[1] "(...) se Sócrates e Platão pressentiram a idéia cristã, encontram-se igualmente em suas doutrinas os princípios fundamentais do Espiritismo". – Frase de Allan Kardec, disposta na introdução do Evangelho Segundo o Espiritismo.
[2] J.B.Rhine, Duke University, provou que o ser humano é dotado de percepção extra-sensorial.
[3] Jung era dotado de grande percepção mediúnica. Isso fazia com que lhe sobreviessem inúmeras crises de consciência nas quais os fatos entravam em choque com as noções acadêmicas aprendidas sobre o psiquismo.

os olhos para o fato de que nosso mundo de tempo, espaço e causalidade está relacionado com uma ordem de coisas, atrás ou sob ele, ordem na qual "aqui" e "ali", "antes" e "depois" não são essenciais. Não vejo qualquer possibilidade de contestar que ao menos uma parte de nossa existência psíquica se caracteriza por uma relatividade de espaço e tempo. À medida que nos afastamos da consciência[4], esta relatividade parece elevar-se até ao não-espacial e a uma intemporalidade absolutas (...) Não forma somente meus próprios sonhos, mas, ocasionalmente, os de outras pessoas que, revisando ou confirmando os meus, deram forma as minhas concepções a respeito de uma sobrevida. Devemos renunciar inteiramente à idéia de uma psique ligada a um cérebro. Os humanos estão numa posição que lhes permite tomarem consciência de que o cosmos tem um princípio ordenador".

Para o pesquisador suíço, o inconsciente não seria um mero depósito psicobiológico de tendências instintivas reprimidas. Ele seria um princípio ativo inteligente, que, em seu extrato mais profundo, ligaria o indivíduo a toda a humanidade, à natureza e ao cosmos. Descrição coerente com as experiências extáticas de muitos sensitivos, confirmando as bases da consciência divina em cada um de nós. Entrelaçando conceitos com noções de espiritualidade do ocidente e oriente, aponta na direção da consciência quântica dos físicos modernos.

Jung anteviu a relação da Física com o transcendente. Estimulado por Einstein e Wolfgang Pauli, convenceu-se da realidade da dimensão espiritual em seus estudos. Supunha que o elemento espiritual era uma parte orgânica integral da psique. A busca pela espiritualidade tornou-se, em seu modo de entender, aspecto característico do inconsciente coletivo, independendo da educação e do ambiente cultural de desenvolvimento do indivíduo. Concluiu

---

[4] *Afastar-se da consciência significa aproximar-se da inconsciência, ou seja, do reservatório de potencialidades que é o Inconsciente.*

que a espiritualidade, sua busca e suas práticas, emergem com espontaneidade na consciência. No entanto, pouco se fala destas suas conclusões.

Na teoria da continuidade da consciência de Van Lommel, embasada em suas observações das Experiências de Quase Morte (EQM), afirma o autor que se a função do cérebro fosse perdida, como na morte clínica ou cerebral, as memórias e a consciência continuariam a existir, perdendo-se apenas a recepção pela interrupção da conexão. Com a morte, a consciência continuaria a existir e a ser experimentada em outra dimensão, a que chamou de "espaço-fase", não-visível e imaterial.

Gustave Geley, médico e pesquisador francês, questionava-se com relação ao funcionamento dos centros nervosos, ao qual se atribuem as manifestações da consciência normal, indagando se poderiam de igual modo explicar as manifestações da subconsciência exteriorizável?[5] Concluiu, em sua obra *O Ser Subconsciente*, que a subconsciência superior não é função do cérebro. Para ele isso era um raciocínio irrefutável, havendo tantas presunções contra a hipótese "subconsciência superior é função do cérebro", quantas existem em favor daquela que afirma que "consciência é função do cérebro".

"O ser subconsciente desempenha não somente o papel diretor e centralizador da personalidade atual, mas também uma tarefa capital na origem, no desenvolvimento e na conservação dessa personalidade. Sem dúvida, é ele quem a ela fornece suas faculdades inatas, suas predisposições intelectuais ou artísticas, e se esforça por adaptá-las ao funcionamento orgânico do melhor modo possível. Talvez, ainda, ou até mesmo provavelmente, desempenhe um papel no desenvolvimento do organismo, uma vez

---

[5] *Geley em suas pesquisas adotou o termo subconsciência exteriorizável em concordância de significação com o que outros autores já citados nesta obra chamaram de Inconsciente, em outras palavras, Espírito.*

que goza – nós o sabemos – de uma faculdade organizadora sobre a matéria. Finalmente, mantém, de um modo amplo, a presença da personalidade no meio da perpétua renovação molecular durante a vida".

Na mesma linha de raciocínio Myers chegou a afirmar que o eu consciente de cada um de nós, ou – como preferia chamar – o eu empírico, ou supraliminal, está longe de compreender[6] a totalidade de nossa consciência e de nossas faculdades; e que existe uma consciência mais vasta, faculdades mais profundas, das quais a maior parte permanece virtual, no que concerne à vida terrestre e que novamente se afirmariam na sua plenitude depois da morte.

Gustave Geley finda seus ensaios concluindo que tudo terminará na vitória do ser consciente, pois "o ser subconsciente" haverá desaparecido. Não ficará mais do que o ser consciente. Sua essência metafísica permanecerá a mesma, porém, haverá adquirido o próprio conhecimento e o conhecimento do todo.

São afirmativas deste teor que corroboram amplamente as idéias trazidas pelos espíritos na codificação espírita. Kardec nos esclarece que o Espírito, mesmo encarnado, irradia-se para todos os lados. Mesmo em vigília essa impressões nos sensibilizam provocando reações inconscientes. O Espírito não se encontra trancafiado ao corpo denso. Isso nos possibilita explicar muitas das situações com que nos defrontamos durante nossa experiência física. Muitas teorias conseguiriam encontrar nestas evidências a chave para muitos de seus mistérios atuais.

Em função destas assertivas é que o espírito Emmanuel nos afirmava que a mente é mais poderosa para instalar doenças e desarmonias do que as bactérias e vírus conhecidos. Joanna de Ângelis, em sua obra *Autodescobrimento,* esclarece da mesma forma que as forças vivas da mente estão sempre construindo,

---
[6] *Eu empírico tem o mesmo significado de o consciente da personalidade atual.*

recompondo, perturbando ou bombardeando os campos organogenéticos, bem como sobre os núcleos celulares de onde procedem os órgãos e a preservação das formas. Quando a mente elabora conflitos, ressentimentos, ódios que se prolongam, os dardos reagentes, disparados, desatrelam as células dos seus automatismos, que degeneram, dando origem a tumores de vários tipos, especialmente cancerígenos, em razão da carga mortífera de energia que os agride.

"Hereditariedade e conduta – portanto, como é fácil de sentir e aprender, o corpo herda naturalmente do corpo, segundo as disposições da mente, que se ajusta a outras mentes, nos círculos da afinidade, cabendo, pois, ao homem responsável reconhecer que a hereditariedade relativa, mas compulsória lhe talhará o corpo físico de que necessita em determinada encarnação, não lhe sendo possível alterar o plano que mereceu ou de que foi incumbido, segundo as suas aquisições e necessidades, mas pode, pela própria conduta feliz ou infeliz, acentuar ou esbater a coloração dos programas que lhe indicam a rota, através dos bióforos, ou unidades de forças psicossomáticas que atuam no citoplasma, projetando sobre as células e, conseqüentemente, sobre o corpo, os estados da mente, que estará enobrecendo ou agravando a própria situação, de acordo com a escolha de bem ou de mal"[7].

O espírito Bezerra de Menezes também pensa assim quando nos afirma, na obra, *Grilhões Partidos*, do espírito Manoel Philomeno de Miranda, que toda enfermidade, resguardada em qualquer nomenclatura, sempre resulta das conquistas negativas do passado espiritual de cada um. Estando o campo estruturador, conforme nominam os modernos pesquisadores parapsicológicos ao perispírito, sob o bombardeio de energias deletérias, é óbvio que as idéias, plasmando futuras formas para o Espírito, criam as condições para que se manifestem as doenças. Numa forma

---
[7] *Evolução em Dois Mundos, do espírito André Luiz.*

de autocídio indireto, através do qual pretende eximir-se a responsabilidade, auto-suplicia-se mergulhando no desconcerto da loucura.

"Não restauremos corpos doentes sem recursos do Médico Divino das almas, que é Jesus Cristo. Os fisiologistas farão sempre muito, tentando retificar a disfunção das células, no entanto, é mister intervir nas origens das perturbações. (...) Temos milhões de pessoas irascíveis que, pelo hábito de se encolerizarem facilmente, viciam os centros nervosos fundamentais pelos excessos da mente sem disciplina, convertendo-se em portadores do "pequeno mal", em dementes precoces"[8].

Esforçar-se por seguir a exemplificação de Jesus é nosso roteiro de sanidade. Precisamos urgentemente nos valer de nossa bagagem pretérita, para com os impulsos evolutivos transformar, no presente, os condicionamentos equivocados em oportunidades de renovação com vistas ao futuro.

---

[8] *No mundo maior, do espírito André Luiz.*

FRANÇOIS RABELAIS

François Rabelais teria nascido próximo a Chinon, ao final do século XV. No final do ano de 1510 torna-se noviço na ordem dos Franciscanos. Espírito bastante curioso, recebe formação teológica e aprende latim e grego. Desperta muito cedo o interesse pelo pensamento humanista passando a se corresponder nesses idiomas com célebres autores humanistas de seu tempo.

Em 1523, depois dos comentários de Erasmo de Roterdã sobre os textos gregos do Evangelho, a Sorbonne tenta proibir o estudo dessa língua. Ao final desse ano, o superior de Rabelais confisca seus livros de grego. Isso estimula Rabelais a mudar para a ordem dos Beneditinos, alegando ser esta menos rígida. Entre os anos de 1528 e 1530 freqüenta as universidades de Bordeaux, Toulouse, Orléans e Paris, alcançando o titulo de *prêtre séculier*.

Encontra dificuldades para cumprir as regras monásticas e passa a viver nos arredores de Paris, onde inicia o curso de medicina e tem dois filhos. Em 17 de setembro de 1530, inscreve-se na Faculdade de Medicina de Montpellier, estuda Anatomia, Fisiologia, Física e História Natural, encarregando-se de dar um curso sobre Hipócrates e Galeno.

Na primavera de 1532, Rabelais se instala em Lyon, grande centro cultural da época, onde floresce o comércio literário. Continua ensinando medicina e publica críticas sobre os tratados antigos dessa disciplina. Sua vida intelectual lhe permite travar relações com inúmeros estudiosos de seu tempo, o que influencia a formação de Rabelais durante toda a sua vida. Nesse mesmo ano torna-se protegido de Jean du Bellay, bispo de Paris, e publica sua primeira obra, *Pantagruel*, sob o pseudônimo de Alcofrybas Nasier.

Seu livro é rapidamente condenado pela Sorbonne, mas sua reputação como médico lhe garante a proteção do bispo de Paris, que logo depois se tornaria cardeal. Nessa mesma época, Rabelais troca correspondências com Erasmo de Roterdã, declarando-se um filho espiritual do humanismo e desejoso de conciliar o pensamento pagão com o pensamento cristão, construindo o que chamou de Humanismo Cristão.

Ainda sob o pseudônimo de Alcofrybas Nasier, pois suas obras eram condenadas pela Sorbonne, em 1534 publica *Gargantua*. Entre 1534 e 1536, acompanha por duas vezes o cardeal de Paris em missão especial a Roma, sendo absolvido pelo Papa *Clemente VII* por seu abandono da ordem dos beneditinos, podendo escolher a qual monastério da ordem gostaria de se filiar novamente. Em 1536 torna-se um dos primeiros médicos do reino, ensinando e exercendo a medicina por toda a França. Explica Hipócrates a partir dos textos gregos e pratica a dissecação de cadáveres, método pouco comum na época.

Em 1539 passa a viver em Turim com o irmão do cardeal, e em 1540 seus filhos bastardos são reconhecidos pelo Papa *Paulo III*. No ano de 1545, Rabelais obtém um privilégio real para a impressão de *O terceiro livro*, editado em 1546, e passa a viver em Metz. Assina seu próprio nome pela primeira vez e sua obra é considerada herética. Em 1547 Rabelais retorna a Paris para ser o médico do cardeal e acompanhá-lo em suas viagens à Itália.

Em 1548 lança a público *O quarto livro*, que somente sai em sua versão integral em 1552, e é automaticamente condenada pelo parlamento. Em 1550 Rabelais consegue do rei *Henri II* concessão para publicar todas as suas obras sem alterações editoriais e perseguições inquisitoriais. Desencarna em 1553, em Paris. Em 1562 *O quinto livro* é publicado. Sua versão integral é de 1564. A autoria, atribuída a Rabelais, gera numerosas contestações no que diz respeito à legitimidade.

Rabelais serviu-se da imaginação popular herdada da Idade Média, da estrutura de narrativa, do estilo pitoresco e da riqueza vocabular para abordar temas decadentes de seu tempo. Pretendeu libertar as pessoas da superstição e das interpretações adulteradas. Ele renegou as tradições da *Escolástica* e, sobretudo, criticou o sistema educacional, atacando o gênio de cavalaria de seu tempo e a crença na justiça das guerras, opondo-se à rotina dogmática da Universidade de Paris.

Foi partidário do "Evangelismo", movimento humanista inserido no catolicismo que se opunha às ambições temporais dos Papas. Proclamava a necessidade de se valer das escrituras como fundamento do cristianismo deixando de lado as instituições criadas pelos homens. Defendia a idéia de uma moral mais de acordo com as exigências da natureza e da vida, mais assentada na fé.

Propunha ainda uma educação enciclopédica (termo atribuído à sua criatividade vocabular), e dizia: "É esta variedade que estimula o apetite por saber". Preconizava o aprendizado de línguas antigas, do grego (proibido pela Sorbonne), por exemplo, para que se pudessem ler os textos bíblicos. Profundo crítico do ensino baseado somente nos livros, adepto da experiência e da pratica educacional, Rabelais foi um personagem marcante no período que definiu a transição entre a Idade Média e o Humanismo Renascentista.

Rafael de Figueiredo

EDIÇÕES BOA NOVA

DE FRANCISCO DO ESPÍRITO SANTO NETO
pelo espírito HAMMED

RENOVANDO ATITUDES
Hammed, nesse livro, diz que só podemos nos transformar até onde conseguimos nos perceber. Ensina-nos como ampliar a consciência para que possamos enxergar as verdadeiras intenções que motivaram nossos atos e atitudes e, por conseqüência, melhoraram nosso procedimento em relação à vida. Obra baseada em *O Evangelho Segundo o Espiritismo*.

A IMENSIDÃO DOS SENTIDOS
Como "olhar" além do óbvio e do que nossos cinco sentidos podem oferecer? Como adentrar no vasto campo da sabedoria espiritual de forma natural e espontânea? Essas e outras tantas respostas você encontrará nessa obra baseada em *O Livro dos Médiuns*. Essas páginas constituem um verdadeiro tratado de como perceber a vida transcendental dentro e fora de nós.

AS DORES DA ALMA
Nesta obra Hammed faz uma análise dos "sete pecados capitais" e, ao mesmo tempo, um estudo sobre a depressão, o medo, a culpa, a mágoa, a rigidez, a repressão – o que ele denomina as "dores da alma". Constrói pontes entre os métodos da sociologia, da psicologia, da pedagogia e diversas questões de *O Livro dos Espíritos*. Uma excelente reflexão sobre o comportamento humano.

OS PRAZERES DA ALMA
Esta obra, a exemplo do livro *As Dores da Alma*, é objeto de estudo do comportamento e dos potenciais humanos baseado em *O Livro dos Espíritos*. O benfeitor Hammed denomina *Os Prazeres da Alma*, sentimentos como a sabedoria, alegria, afetividade, coragem, autoconhecimento, lucidez, compreensão, amor, desapego, compaixão, perdão e outros tantos. Hammed busca no trecho do Novo Testamento (Marcos 12:37) "E a multidão O escutava com prazer!" a inspiração para o título desse livro.

Este livro foi impresso na
LIS GRÁFICA E EDITORA LTDA.
Rua Felício Antônio Alves, 370 – Bonsucesso
CEP 07175-450 – Guarulhos – SP – Fax: (11) 3382-0778
Fone: (11) 3382-0777 – e-mail: lisgrafica@lisgrafica.com.br